KB274466

근혜철수

근혜철수 뗸

세상의 마음을 얻는 인간경영

조광수 지음

한국경제신문

3막 정치다움에 대하여

4막 세상다움에 대하여

2012년 초겨울. 대한민국에 두 사람이 있다. 인기와 내공, 영향력에 있어 우열을 가리기 힘든 인물들. 한 사람은 '박근혜 대세론'의 주인공이고 다른 한 사람은 '안철수 현상'의 주인공이다.

여론조사 결과 두 사람의 지지도가 10월 현재 45퍼센트를 전후하고 있다. 백중세다. 박근혜는 지지의 확장성은 약하지만 충성도가 높다. 안철수는 지지의 결집도가 약하지만 확장성이 강하다. 그동안 크고 작은 변수들에 의한 부침이 더러 있었다. 그렇게 1년을 엎치락뒤치락, 둘

다 견고한 지지도를 견지하고 있다.

안철수가 없었더라면 어땠을까. 그리하여 2012년 대선이 집권당 박근혜 후보와 제1야당 문재인 후보 간의 대결이 되었더라면. 표 계산이야 치열하겠지만, 다소 싱거운 게임이 되었을 것이다. 박정희 신화 대 노무현 전설 간의 건곤일척乾坤一擲 승부라는 구도가 너무 빤하기 때문이다. 산업화 신화와 민주화 전설의 마지막 승부도 나름 의미는 있으리라. 그러나 이미 민주화 이후를 살고 있는 현재에 '회고적 정리정돈'만이 국가적 대사의 유일한 목적이라면, 이건 좀 우울한 일이다.

바로 여기에 안철수의 의미가 있다. 그의 등장은 자칫 밋밋해지기 쉬운 구도의 틀 자체를 바꾸었다. 박정희 신화와 노무현 전설을 뛰어넘는 새로운 프레임. 그리하여 이제는 민주·진보 진영 대표를 자임하는 야당 후보를 포함해 박근혜까지의 기존 정치권은 '낡은 체제'로, 디지털 마인드로 무장한 안철수는 '새로운 체제'로 대결하는 새로운 구도가 형성된 것이다. 누가 대통령이 되는지는 두 번째 문제다. 구체제와 신체제 사이의 새로운 승부 구도가 만들어졌다는, 그 자체로 의미는 충분하다.

거대 정당을 기반으로 한 박근혜. 인물 대망론에 의지하고 있는 안철수.

세력과 신뢰에 바탕을 둔 박근혜. 호감과 참신함에 바탕을 둔 안철수.

노련한 권력 의지를 보이는 박근혜. 신선한 소명 의식을 보이는 안철수.

5년 만에 어김없이 돌아오는 국가적 대사를 목전에 둔 지금, '세력의 주인공'과 '바람의 주인공'은 과연 어떤 인물일까. 우리 유권자에게 반드시 필요한 인물은 누구일까. 박근혜와 안철수. 안철수와 박근혜. 이 급박한 시점에 새삼 두 인물에 대해 말해보고자 하는 이유다.

품인品人은 어려운 일이다. 사람을 품평한다는 것. 우선 조심스럽기도 하고 자칫 뒷감당하기도 쉽지 않다. 그래서 무엇보다 '겸손한 불가지론'의 자세로 접근하는 것이 최선이다. 사람의 사회적 얼굴에 가려진 뒷모습이 과연 어떤지는 아무도 모른다. 평생을 함께 산 부부 사이도, 내

배 아파 낳은 아들딸도, 의리와 연륜으로 똘똘 뭉친 친구 사이도 깊이 감추어진 뒷모습은 알기 어렵다. 심지어 본인 자신도 자기가 누구인지 정확하게 파악 못하는 경우가 있다. 이처럼 사람을 품평한다는 것은 난감하고 조심스럽다. 그런 한편, 품인은 지식인의 사명이자 즐거움이기도 하다.

전통적으로 품인의 기준이 몇 가지 있다. 이를테면 신언서판身言書判 같은 것이다. 외모와 말씨, 문장과 지적 능력 정도를 가늠해 사람 됨됨이를 평가한다는 뜻이다. 사람은 누구나 중년 이상이 되면 신언서판을 통해 숨길 수 없는 내공이 드러나게 마련인 것이다.

'사람 알기' 특히 '지도자다운 사람'을 헤아릴 때 《논어》만큼 틀림없는 기준도 흔치 않다. 공자처럼 '사람다움'과 '정치다움', '지도자다움'과 '세상다움'에 대해 깊이 공부하고 실천한 인물이 따로 없다. 따라서 박근혜와 안철수를 이야기하는 과정에 《논어》의 지혜를 종종 빌리고자 한다. 한국 사람과 한국 사회를 이해하는 의미 있는 근거들이 가득 들어 있기 때문이다.

박근혜와 안철수가 의식했건 그렇지 않건, 두 사람의 언행에는 《논어》에서 '사람다움'과 '지도자다움'으로 강조하는 아주 전형적인 모습들이 담겨 있다. 이를테면 두 사람은 사람 관계와 정치의 기본을 '믿음信', 즉 '공적인 약속을 지키는 것'이라고 확신한다. 그들의 언행에서는 일관된 맥락인 '일이관지一以貫之'가 느껴진다. 더불어 박근혜는 위威가 돋보이는 개성이, 안철수는 경敬이 돋보이는 개성이 있다.

박근혜의 강점인 위威는 매력과 마력, 카리스마를 말한다. 다른 사람의 에너지를 내 쪽으로 끌어당기는 힘. 이런 힘을 지니려면 언어와 행동이 신중하고 미더워야 한다. 사람들로부터 기댈 만하다는 믿음을 얻어야 한다. 결정적인 대목에서는 '나를 따르라' 깃발을 들 줄 알아야 한다. 그 결과 보람도 있어야 한다. 과거에도 비상시마다 비상한 카리스마를 보였던 박근혜의 힘이다.

안철수의 강점인 경敬은 삼가는 자세 또는 조심스러운 태도를 말한다. 정치를 하는 데 있어 국민 내지 추종자들을 "큰 손님 맞듯 큰 제사를 모시듯 하는" 일. 그가 "국민의 동의를 얻어"와 "예의를 갖추어"라는 표현을 자주 사용하는 것은 그런 맥락이다.

5·16 쿠데타와 유신 등 박정희의 과거에 대해 많은 사람들이 원하던 대답을 시원하게 말 못하던 박근혜의 모습은 《논어》의 한 장면을 떠올리게 한다. 〈자로〉편에서 섭공이 공자에게 "우리 동네에 정직한 사람이 하나 있습니다. 아비가 양을 훔쳤는데 그 아들이 아비를 고발했습니다."라고 말하는 장면이다. 그 말에 대해 공자는 이렇게 답했다. "우리 동네의 정직함은 좀 다릅니다. 아비는 자식을 숨겨주고 자식은 아비를 숨겨줍니다. 정직함이란 그러한 가운데 있는 것이지요."

'사람다움'의 실천은 기본적으로 나라의 윤리보다 가족의 윤리가 우선한다. 양을 훔치는 행위는 나쁘다. 그 잘못은 누구나 고발할 수 있고 벌을 받아야 한다. 다만 그 아비나 그 자식이 그래서는 안 된다. 자식이 아무리 강력한 정의감을 갖고 있다 하더라도 자신의 근원인 아버지를 고발할 수는 없다. 결국 이 상황의 정직함이란 아비가 양을 훔친 것을 고발하는 것이 아니라 부모자식이라는 기본적인 인간관계에 충실하는 것이다. 공자의 대답은 그런 의미였다.

아버지와 관련된 현대 정치사를 대하는 박근혜의 심정이 바로 이렇지 않을까 싶다. 정치인 박근혜와 딸 박근혜 간의 딜레마인 것이다. 그러나 효孝란 맹목적으로 부모님께 순종하는 게 아니다. 부모를 공경하는 마음에 그치는 게 아니라 부모가 옳은 방향으로 가도록 끝까지 삼가는 자세로 말씀드리는 게 효의 요체다. 거듭 간곡하게 간諫하는 것이다. 무작정 존경하는 것이 아니다. 부모를 '낯설게 보기', '다시 보기' 또는 '뒤집어 보기' 할 수 있어야 한다. 말하자면 '객관화' 작업이다. 물론 어려운 일이다. 박근혜가 이를 헤아려 이해할 수 있다면 아버지 박정희 시대에 대한 역사 인식 논쟁에서 자유로워질 수 있지 않을까.

안철수의 언행을 보면 '양이득지讓以得之(나서지 않고 사양하니 오히려 대우를 받는다)'라는 표현이 생각난다. 정치 지도자가 되기를 굳이 사양하는데 결과적으로 정치적 지위를 얻게 된다는 역설. 정치적 지위가 욕망의 대상일 뿐이라면 공공성이나 헌신이라는 원래 의미가 매몰되고 만다. 정치적 지위는 억지로 추구하는 게 아니라 주어지는 것이 되어야 한다. 그때 비로소 자리도 살고 사람도 산다. "나의 목적은 대통령이 되는 게 아니다"라고 안철수는 말했다. 이는 단순한 레토릭이 아니다. 권력을 보는 그의 진심이다. 이처럼 담백한 목적의식은 오히려 신비로운 매력이 되어 그의 가치를 높여준다.

그러나 '양이득지'가 가능하려면 깊은 수양과 내공이 전제되어야 한다. 단단한 출사표가 준비돼 있어야 한다. 그게 아니라면 벼락출세의 끝은 비참해진다. 소명을 빙자한 선동은 위험하다. 안철수를 '구름당의 당수'라고 비하하는 이들이 있다. 결국 땅에 발을 딛고 구름이 맥없이 걷히게 될 것이라는 예견도 많다. 쉬이 걷힐 뜬구름인지 희망의 비가 될 큰 구름인지는 안철수 자신이 증명해야 한다. 추상적이고 선언적인 공약만 열거하는 수준이어서는 안 된다. 국민의 갈망에 부응하는 실현 가능한 정책을 내놓아야 한다. 그리고 이를 충분히 시행할 수 있다는 믿음을 주어야 한다. '안철수 현상'과 '안철수 실체' 사이에

간극이 있어서는 안 된다. 그래야 진심의 '양이득지'가 가능해진다. 그렇지 못하면 또 다른 형태의 대중 민주주의적 선동이 되고 말 것이다.

박근혜와 안철수를 품평하기 전에, 먼저 두 가지를 이야기하고 싶다.

우선, '사람 알기'는 따뜻한 시각에서 출발해야 한다는 점이다. 안타깝게도 우리는 어떤 사람에 대해 너무 쉽게 말하는 경향이 있다. 정치적 성향이나 배경, 첫인상 등을 통해 한두 마디로 사람을 정리하고 마는 가벼움. 역사적 인물이든 현존하는 인물이든 품인을 할 때는 당사자에게 애정을 가져야 한다. 그리고 배울 점부터 봐야 한다. 따뜻한 시각으로 바라보고 귀하게 여겨야 한다. 시종여일 완벽한 인물은 없다. 누구나 장단점이 있고 공과 과가 있다. 그러니 과를 따지기 전에 우선 공부터 충분히 챙겨 보는 게 바른 자세다. 당위성과 윤리성에 비추어 다시 생각해보는 비판적 시각과 나만의 고유한 시각도 물론 필요하다. 하지만 너무 쉽게 너무 서둘러 결론을 내리면 배울 게 없다. 겸손하고 신중해야 한다.

　오늘날 우리 시대에는 좌우를 막론하고 얼치기 지식인들이 너무 많다. 별 공력도 없이 입을 놀리거나 각박하게 남의 트집만 잡고 늘어지는 하수들이 부끄러운 줄도 모르고 활개치고 있다. 참으로 답답한 일이다. 지식 사회가 이렇게 천박해서는 안 된다. 특히 사람을 이야기할 때, 인간에 대한 기본적인 예의도 없이 '함부로 쏜 화살처럼' 거칠고 너절해서는 더욱 안 된다. 이를테면 박근혜를 '독재자의 딸'로 규정하고 '보수 꼴통'이라고 매도하고 폄하하는 경우다. 또 안철수를 '구상유취의 백면서생'으로 규정하고 '전략만 있지 철학은 없는 불안정한 선동가'라고 매욕罵辱하는 경우다. 딱한 일이다. 그건 시샘도 아니고 비판도 아닌, 그저 참을 수 없는 가벼움일 뿐이다.

　박근혜와 안철수는 어쨌거나 당대 최고의 절정 고수들이다. 정계라는 강호에서 최고의 무공과 인기를 누리고 있는 실존들이다. 강호는 만만한 공간이 아니다. 가슴에 칼 한 자루씩 품고 있는 와호장룡들이 곳곳에 득실거린다. 그런 세계에서 여론의 지지를 양분하고 있는 존재들이라면 일단 인정하고 시작해야 한다. 그게 기본이고 상식이다.

그다음, 품인의 기본은 촌철살인이다. 어물쩍 넘어가지 않고 예리하게 핵심을 찌르는 것이 품인의 이상이다. 공자는 가장 아꼈던 제자 안회를 "좀 멍청해 보이지만 속이 꽉 찼다"고, 어떠한 상황에서도 무조건 끝까지 스승을 따르겠다고 한 자로를 "지나치게 용감하다"고 품평했다. 제자들을 평할 때도 사정 봐주지 않고 꼭 할 말만 했다.

근대 중국의 문학가이자 사상가 루쉰. 그가 좌와 우를 대표하는 당대 최고의 학자이자 실천가였던 천두시우와 후스를 품평한 적이 있다. "창고와 메모를 가지고 비교하자면 천두시우는 창고 앞에 '안에 무기가 가득하니 조심하라'는 메모를 남겨놓은 것과 같다. 하지만 정작 창고 문을 열면 별것 없다. 후스는 '안에 아무 무기도 없으니 안심하라'는 쪽지를 써놓은 것과 같다. 하지만 꼭 열어보고 싶게 만든다." 비관적인 마르크시스트 천두시우의 우울과 낙천적인 자유주의자 후스의 활달함을 이토록 깔끔하게 소개했다. 기가 막힌 비유다. 품인은 이렇게 하는 것이라고 그 전형을 보여준다.

우리나라의 경우, 김호진 교수는 그의 저서 《한국의 대통령과 리더십》에서 품인의 정석을 보여주었다. "김영삼은 '공격적 승부사'다. 그리하여 민주화 투쟁에는 능하지만 국가 경영에는 약했다. 김대중은 '계몽적 설교형 리더'다. 평생의 콤플렉스와 성취욕이 그의 공과 과를 결정지었다."

품인을 하려면 이 정도 내공은 있어야 한다. 세상에 책을 내놓기에 앞서, 그래서 여간 걱정이 되지 않는다. 대충 알고는 있으나 족탈불급足脫不及이다. 그저 앞선 선배들의 흉내를 충실히 내고자 한다. 독자들의 넓은 양해를 빈다.

2012년 11월
조광수

군
혜
철
수

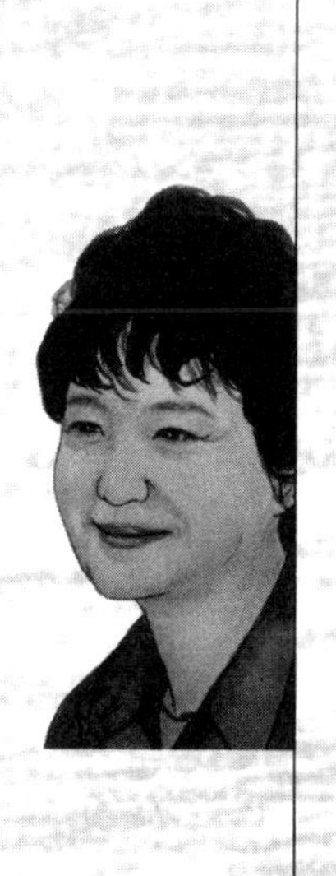

1막 사람다움에 대하여

사람다움이란 기본적으로
사람을 아끼는 마음, 즉 인간에 대한 깊은
연민과 애정에서 시작한다.
이어 언행을 공손하고 진지하게 하며,
남의 잘못을 용서하고,
적어도 자신이 하고 싶지 않은 일은
남에게 시키지 않는 것이다.
결국 사람다움은 극기克己와 복례復禮다.
극기란 내 몸과 마음의 욕망을
애써 이겨내는 것이고, 복례란 사람다운
본래의 자신을 회복하는 것이다.
그 같은 과정을 거쳐 자신의 몸과 마음을
닦은 사람만이 남을 다스리는 치인治人,
즉 지도자가 될 수 있다.
타고난 명이 어떻든 삶의 굴곡인 운이
어떻든, 결국 사람다움은
자신의 마음에 달려 있는 것이다.

01

사람을 논하는 세 가지 기준, 명命·운運·심心

"나는 특히 조자룡이 좋았다. 돌이켜보건대 나의 첫사랑은 조자룡이 아니었나 싶을 정도로 그가 등장하는 장면마다 가슴이 설레었다."

초등학교 시절, 알렉상드르 뒤마의 《삼총사》를 열심히 읽는 딸에게 아버지 박정희는 《삼국지》를 추천했다. 《삼국지》를 손에 잡던 날 박근혜는 새로운 세상을 만난 느낌이었다. 신당동의 어린 시절, 그런 독서 취향은 동네 골목에서도 그대로 발휘되었다. 승부욕이 대단했던 그는 동생 근영과 연습까지 해가며 모래주머니놀이, 고무줄놀이, 공기놀이 세 종목을 석권해 골목대장에 등극했다.

《삼국지》는 거의 천 년에 걸쳐 문인들과 민간이 함께 만들어낸 공동의 창작품이다. 문인들은 뜻을 담았고 민간에서는 애증의 감정과 상상력을 보탰다. 그 과정에서 일부 문인들이 유가적 이데올로기를 교묘하게 버무려넣기도 했다.

여기서 퀴즈 하나. 《삼국지》에 등장하는 300여 명의 주요 인물 중에 가장 유가적인 사람은 누구일까? 유비나 관우를 꼽는 이들이 많을 것이다. 정답은 조자룡이다. 자기 성찰과 배려 등 유가적 소양을 가장 많이 갖춘 전형적인 군자 조자룡. 그는 상승장군이었지만 늘 겸손했고, 균형 잡힌 중용적 태도를 견지했다.

반면 유비는 위선이 심했다. 가면을 쓴 인자한 모습도 지나치게 가식적이었다. 유가의 얼굴을 하고는 있지만 냉정하게 평가하자면 의협의 두목, 즉 점잖은 깡패 보스와 비슷했다. 임종하면서 아들 유선에게 법가의 《상군서》를 읽으라고 유언했을 정도로 진정한 유가와는 거리가 먼 인물이었다.

관우는 역사책 《춘추》를 늘 가까이 두고 읽었던, 자기 절제가 강한 사람이다. 약한 자에겐 한없이 약하고 강한 자에겐 더없이 강한 인자함과 정의감도 있었다. 하지만 지나친 자만심은 그의 결정적인 약점이었다. 자신의 기준에 맞지 않는 인물들은 아예 아랫것 취급을 하며 사람대우를 하지 않았다. 손권이 딸을 며느리 삼겠다고 청혼해 왔을 때 '견자犬子'를 사위 삼을 수는 없다며 단호하고 무례하게 거절했을 정도다. 지나친 자만심은 결국 관우를 도원결의 삼형제 가운데 제일 빨리 죽게 만들었다.

10대 소녀 시절의 박근혜가 그런 의미까지 체득했는지는 모를 일이다. 의미 있는 것은 그가 초등학생 때 《삼국지》를 읽었다는 사실이며, '특히 조자룡을 좋아했다'는 사실이다.

안철수 역시 조숙한 독서광이었다. 소설을 좋아했고, 바닥에 떨어진 종이까지 읽어봐야 직성이 풀리는 활자 집착증이 있었다. 중학교 때까지 평생 읽을 책의 절반을 읽었다. 체육 시간에도 운동장을 뛰는 대신 나무 그늘에 앉아 책을 읽었다. 닥치는 대로 읽은 책은 그의 인문학적 소양은 물론 인생 전체에 큰 영향을 끼쳤다. 의료 봉사를 하던 대학 시절에는 황석영의 《어둠의 자식들》보다 더 적나라한 현실에 사회의식이 싹텄다. 실은 중학교부터 연마해온 소양과 의식의 확장이었다.

"중학교 2학기에 선거로 반장에 당선됐어요. 그런데 1학기 때 선생님의 지명을 받고 반장을 했던 친구가 전교 부회장이었는데, 담임선생님이 '전교 부회장이 학급 반장을 못하는 것은 말이 안 되니 선거를 취소하자'고 하시더군요. 그 친구 엄마는 아주 유명한 '치맛바람 엄마'였죠. 선생님이 그러시는 걸 보고, 정말 공정하지 못하다고 느꼈어요. 그때 중학생 치고는 조숙하게도 알베르 카뮈의 《페스트》처럼 사회의식이 강한 소설을 한창 읽을 때였거든요. '정의롭지 못한 세상'이라는 생각이 들었죠."

박근혜와 안철수는 기본적으로 똑똑한 사람들이다. 기본 품성 또한 점잖고 단단하다. 어려서부터 본이 되는 부모로부터 사려 깊음과 배려를 배웠고 훌륭한 소양을 갖추었다. 그런 바탕에서 반듯한 사회적 얼굴을 키워갔다.

운칠기삼運七技三. 정해진 운이 70퍼센트이고 우연이나 노력이 30퍼센트라는 뜻이다. 성공한 사람 또는 유명 인사를 두고 흔히 '타고난 팔자 덕'을 이야기한다. 더욱이 대선 후보쯤 되면 온갖 역술가와 관상가, 풍수가들이 앞 다투어 사주와 관상 그리고 풍수 등에 얽힌 미래를 풀이하곤 한다.

이를테면 2012년 대선의 승자는 '갓을 쓴 여자'가 될 것이라는 예언이 있다. 안철수의 '안安' 자를 파자해보면 갓 밑에 여자가 있는 모습이 된다. 강증산이 창건한 증산교의 후천개벽과 성씨도참설을 인용하여 '강姜씨가 개벽의 문을 열고 안安씨가 실행한다'는 예언도 등장했다. 후천개벽의 시대는 음의 기운이 강해지는 여성 상위 시대니 '여성이 대통령이 되거나 성씨에 계집 여가 들어 있는 사람이 될 것'이라는 예언도 나왔다.

사상체질론 또는 오행체질론 운운하며 목木 체질의 박근혜를 이기려면 금金 체질의 누군가 나와야 하는데, 현재 유력 후보들 중에 금 체질은 아무도 없고, 토土 체질의 안철수가 소통하고 수렴하는 능력 덕분에 인기는 있으나 승부에서는 이길 수 없다는 주장도 있다. 박근혜를 '뿌리 깊은 나무' 또는 '도끼가 박힌 나무'로 비유하고, 안철수를 어떠한 물도 다 받아들이는 '찰진 흙'에 비유하기도 한다.

심지어 대구 비슬산의 풍수도참에 '비슬4왕설', 즉 대구에서 대통령이 넷 나온다는 예언도 있다. 박정희와 전두환, 노태우에 이어 드디어 박근혜 차례라는 이야기다.

신접神接을 통한 역술인들의 예언도 있다. 북한 지도자들의 사망 시점을 정확히 맞추었고 이회창 대세론 시절에 김대중 대통령과 김종필 총리의 DJP 연합까지 예언했다는 한 영매는 '2012년 대선의 천운은 문재인에게 있다'고 분명히 밝혔다. 박근혜는 2012년에 천운이 없고 안철수는 미처 다듬어지지 않은 원석이라 천운과 인덕을 겸비한 문재인이 대권을 쥐게 될 것이라는 주장이다. 그 무녀는 '문재인이 사람들을 끌어들이는 기운이 자석처럼 강하고 또 북한의 김정은과 합이 잘 맞는 관계라 2015년에 독일식 통일을 이루는 통일대통령이 될 것'이라고까지 호언했다. 그저 혹세무민하는 말인지 영험한 예언인지 때가 되면 결과로 드러날 일이다.

명命은 타고난 유전적 성향과 기질이고, 운運은 순환과 변화다. 그 명과 운이 이리저리 어울리면서 인생의 곡절이 만들어진다. 명과 운의 상호작용이 바로 운명이다. 비중으로 따지면 명의 부분이 많게는 90퍼센트에서 적게는 70퍼센트를 차지한다. DNA 같은 명을 어떻게 할 수는 없다. 그만큼 중요한 것이 마음이다. 봄 여름 가을 겨울 그리고 봄으로 이어지는 순환 과정이 어떻게 이어지는지는 그 사람의 후천적 노력인 마음먹기, 즉 심心에 달려 있다. 누구나 인생에서 겨울을 만난다. 그것이 혹독한 추위의 겨울인지 포근하고 무난한 겨울인지는 본인이 수양을 얼마나 했는지, 덕을 얼마나 쌓았는지에 의해 결정된다. 그래서 음양학이나 역리술의 최고 경지는 '결국 마음을 이길 무엇은 없다(불여심상不如心相)'로 수렴된다.

박근혜 하면 가장 먼저 '운명'이란 단어가 떠오른다. 노무현 하면 '좌절'이란 단어가 떠오르고, 김영삼 하면 '민주화', 김대중 하면 '평화'라는 단어가 떠오른다. 그런데 안철수 하면 딱히 떠오르는 단어가 없다. 없다기보다, 뭔가 좀 다르다. 운명이나 좌절 또는 민주화와 평화 같은 묵

직한 느낌의 정치적 함의어가 언뜻 생각나지 않는다. 굳이 찾자면 깨끗함, 착함, 노블noble 등이다. 그런데 이런 단어는 운명이란 말과 어울리지 않는다. 또는 '소통' 내지는 '힐링' 같은 단어가 가능할 텐데, 역시 격이 조금 다르다. 그건 교사나 멘토의 역할이다. 정치 지도자가 할 일은 아니다. 더 나아가 그의 담백함 및 신비로움과 관련해서 '소명'이란 단어도 가능할 것이다.

정치 언어와는 어울리지 않는다는 것. 이는 어떤 의미인가. 안철수가 정치 세계와는 다른 공간에서 활동했다는 뜻이다. 이것이 박근혜와 안철수, 두 사람 인생 역정의 차이를 극명하게 보여준다.

공자는 귀신을 말하지 않았다. "운명에 대해서도 드물게 말했을" 뿐이다. 물론 공자는 《주역》을 죽간이 닳도록 열심히 읽었고, 스스로 찬술하기도 했으며, 자주 주역 점을 치기도 했다. 만년에 "내가 몇 년 더 살게 되어 마침내 《주역》을 배울 수 있다면 큰 잘못은 없게 할 수 있을 것이다"라고 할 정도였다. 그가 관심을 가졌던 것은 '삶의 기미를 미리 알고자 함'이었다. 미리 조금이라도 기미, 즉 일의 조짐을 짐작할 수 있다면 더욱 삼가는 자세로 살지 않을까 하는 바람 때문이었다.

공자는 힘든 시기에 참으로 열심히 산 큰 인물의 모습이다. 명命을 타고난 기질과 성정이라 한다면 그는 기막힌 자질을 타고난 사람이다. 외모도 무골풍으로 훤칠했다. 하지만 초기 운運은 결코 좋지 않았다. 나이 많은 아버지는 어려서 돌아가시고 빈한한 가정에서 젊어 혼자 된 어머니를 봉양하기 위해 소싯적부터 이런저런 허드렛일을 해야 했다. 그런 환경에서도 일찍부터 뜻을 세우고 마음을 닦고 학문하는 데 진력했다. 어려운 시기를 어떻게 지냈는지를 보면, 바로 그 사람의 크기와 품격을 알 수 있다.

공자는 '사람다움'에 대해 말할 자격이 있다. 사람다움을 그의 용어로 하면 바로 인仁이다. 사람다움이란 기본적으로 사람을 아끼는 마음, 즉 인간에 대한 깊은 연민과 애정에서 시작한다. 이어 언행을 공손하고 진지하게 하며, 남의 잘못을 용서하고, 적어도 자신이 하고 싶지 않은 일은 남에게 시키지 않는 것이다. 결국 사람다움은 극기克己

와 복례復禮다. 극기란 내 몸과 마음의 욕망을 애써 이겨내는 것이고, 복례란 사람다운 본래의 자신을 회복하는 것이다. 그 같은 과정을 거쳐 자신의 몸과 마음을 닦은 사람만이 남을 다스리는 치인治人, 즉 지도자가 될 수 있다. 타고난 명이 어떻든 삶의 굴곡인 운이 어떻든, 결국 사람다움은 자신의 마음에 달려 있는 것이다.

명命은 타고난 유전적 성향과 기질이고, 운運은 순환과 변화다.
그 명과 운이 이리저리 어울리면서 인생의 곡절이 만들어진다.
명과 운의 상호작용이 바로 운명이다.
비중으로 따지면 명의 부분이 많게는 90퍼센트에서
적게는 70퍼센트를 차지한다.
DNA 같은 명을 어떻게 할 수는 없다.
그만큼 중요한 것이 마음이다.
봄 여름 가을 겨울 그리고 봄으로 이어지는 순환 과정이
어떻게 이어지는지는 그 사람의 후천적 노력인 마음먹기,
즉 심心에 달려 있다.

직업 정치인 박근혜는 '원칙이 있다' 는
평가를 받아왔다. 무릇 정치인은 신념윤리와
책임윤리를 가져야 한다.
그 점에서 박근혜는 어느 정치인들보다
강점을 갖고 있다. 그러나 박근혜에게는
두 가지 이미지가 공존한다.
하나는 '규범에 강하지만 상상력이
부족하다' 는 것.
또 하나는 '명사형 인간' 이란 것.
안철수에겐 '형용사형 인간' 이 느껴진다.
명사형이 네모지고 딱딱한 느낌이라면
형용사형은 둥글고 부드러운 느낌이다.
그는 유연하다. 입장을 바꿔 생각해보는
역지사지易地思之의 사고에 익숙하다.
또한 끊임없이 새로운 도전을 시도하는
모습을 보면 집중력과 상상력이
풍부함을 알 수 있다.

02

이미지, 명사형 인간과 형용사형 인간

박근혜와 안철수는 모두 기막힌 자질과 성정을 타고났다. '세계에서 가장 똑똑한 10인'을 선정 발표한 '슈퍼스칼러'에 의하면, 세계 인구 50퍼센트의 IQ는 90에서 110이고, 상위 그룹인 130 이상이 2.5퍼센트이며, 그 중에 0.5퍼센트만 140 이상이었다. 선정한 10인 중 1위는 지능지수가 230이고 10위가 스티븐 호킹 박사로 170이었다.

'열 명의 머리 좋은 사람' 중에 한국인이 포함되어 있다는 사실은 흥미롭다. 중년 세대 이상이라면 한 번쯤 그 이름을 들어봤을 김웅용이란 사람이다. 현재 50세인 그는 네 살 때 이미 4개 국어를 유창하게 구사했을 정도다. 열두 살에는 NASA(미국항공우주국)의 선임연구원으로 초청되었으며, 10여 년 동안 세계 최고의 IQ를 보유한 인물로 이름을 올렸다. 그의 지능지수는 210이다. 그러나 화려한 경력과 달리 그가 선택한 것은 평범한 삶이었다. 지금은 충북개발공사에 근무 중이다. 함께 랭크된 인물들이 세계 최고의 대학에서 천문학자나 물리학자로 활약하는 모습과는 대조적이다.

또 한 사람 언급하고 싶은 인물은 배우 제임스 우즈다. 그는 IQ 180으로 6위에 랭크되었다. 명문 매사추세츠 공과대학MIT에서 정치학을 공부하다 연기자가 되고자 브로드웨이로 나선 그는 세르지오 레오네 감독의 대작 〈원스 어폰 어 타임 인 아프리카〉를 비롯해 여러 영화에서 개성 넘치는 악역을 멋지게 연기하며 당대 최고의 배우로 성공했다.

IQ가 한 사람의 가능성과 지력을 대표한다고 할 수는 없다. 그러나 흥미로운 기준은 될 것이다. 박근혜와 안철수의 IQ가 언론에 공개된 적은 없다. 그러나 어린 시절부터의 성적이나 독서 습관으로 미루어 볼 때 기본적으로 상위 2.5퍼센트의 지능 지수에 해당하는 이들임을 짐작할 수 있다.

박근혜는 초등학교부터 중고등학교까지 (부반장을 한 번 한 것을 제외하고는) 줄곧 반장을 맡았다. 성적도 늘 1등을 유지했다. 대학 진학 때도 역사학과를 예상했던 부모님의 뜻과 달리 (1970년 학번 당시) 전도유망했던 전자공학과에 진학했다. 평균 평점은 98점, 수석 졸업이었다. 수학과 물리에 뛰어났던 그는 졸업 뒤 학자가 되기 위해 프랑스 북부의 그르노블 대학으로 떠났다. 학자나 연구원이 되고자 했던 꿈은 유학 반년 만에 모친의 불행한 사고로 종료되고 말았다. "자신이 원하는 바대로 살았더라면" 그는 틀림없이 한국 이공계를 대표하는 학자가 되었을 것이다.

안철수는 내성적이고 친구도 별로 없는 편이었다. 1년 먼저 초등학교에 입학한 탓에 신장도 제일 작았다. 조례 때면 늘 맨 앞에 섰다. "앞으로 나란히 할 때 구령에 맞춰 손을 앞으로 뻗어보는 게 소원"이었다. 중학교 때까지는 성적도 그다지 뛰어난 편이 아니었다. 중학교 3학년이 되어서야 반에서 2~3등을 다투는 정도였다.

고등학교 이후로는 매년 나아졌다. 드디어 고3 때는 이과 전교 1등을 하며 서울대 의대에 진학했다. 가업을 이으면 부모님을 기쁘게 해드릴 수 있겠다는 생각에서였다. 의사 생활을 하면서도 전공과는 무관한 컴퓨터 백신을 개발할 정도로 창의적이었다. 펜실베이니아 대학에 두 번 유학을 가 공학 석사와 경영학 석사MBA를 받을 만큼 집중력도 강했다.

그는 어려서부터 과학기술에 관심이 많았다. "에디슨이나 아인슈타인 같은 과학자를 꿈꾸며 남포동의 부품상가를 뒤졌어요. 이런저런 부품을 사와서 일본어로 된 설계도를 보며 직접 진공관 라디오를 조립하기도 했지요." 컴퓨터 백신을 개발하고 IT 관련 벤처를 시작한 것도 다 그런 맥락이다.

박근혜는 소녀 시절부터 청와대에서 로열패밀리로 지내며 '혹여 아버지에게 누가 되지 않도록 철저한 공인 의식을 갖고 있던' 모범적인 숙녀였다. 미팅 한 번 못해본 공대생 시절, 어느 날 하루 경호원을 따돌리고 학교마저 결석하고는 명동에 나가 영화를 보고 차를 마신 게 일탈의 전부였다. 그때 본 영화가 〈천일의 앤〉이었다.

프랑스 유학 시절에는 "혼자 낯선 나라에 있으면서 외로움에 젖어 자칫 목표의식을 잃을 수도 있다는 생각에 스스로 몇 가지 규칙을 정했다. 친구들과 어울려 수다 떠는 것은 일주일에 한 번만 하고, 되도록 일찍 하숙집에 돌아와 저녁식사를 하는 것을 원칙으로" 삼았다. 자칫 자유분방해지기 쉬운 유학 생활이지만 그는 성실한 모범생이었다.

안철수 또한 지극히 모범적인 사람이었다. 빨간 신호에 건널목을 건너고 포장마차에서 술 마시다 취해 먼저 계산하고 사라진 것이 유이한 일탈이었다고 기억할 정도다. 과로로 인한 간염 탓에 금주를 선택하기 전까지는 술을 꽤 마셨지만 그로 인한 실수는 없었다. 주품(술버릇)이 좋은 것도 귀한 덕성의 하나다. 그는 이처럼 예의바르고 착하며 무엇보다 아픔을 공감하는 능력과 마음이 탁월하다. "실수를 하긴 하지만 같은 실수를 반복하지 않는 타입"이

다. 성실하고 진지한 그는 스스로를 '외유내강' 형이라고
평한다.

두 사람은 공통적으로 명이 좋지만, 운도 만만치 않은 편
이다.

박근혜는 부모를 모두 흉탄에 잃었다. 본인도 테러를
당해 죽을 고비를 넘겼다. 희망했던 학자의 삶을 살지 못
하고, 20대에 퍼스트레이디 역할을 했다. 40대에 정치인
이 되어서는 당의 지지도가 곤두박질하며 비상 상황이 될
때마다 비상한 지도력을 보였다. 그리하여 지금 집권당의
대통령 후보가 되었다. 부모 때문에 '운명적으로' 되었든
자신의 선택이었든, 그는 평생 공인의 삶을 살아왔다. 이
제 그가 오르고 싶으며, 오를 수 있는 자리는 대통령밖에
없다.

안철수 역시 스스로 끊임없이 운을 개척해온 사람이다.
그의 직업은 의사, 벤처 기업가, 교수, IT기술자, 시민운
동가 그리고 청년 멘토까지 참으로 다양하다. 서울 시장
을 해보려 했고, 이제는 대통령이 되겠다고 나섰다.

직업은 그 사람의 인생이다. 사람은 청년 시절에 택한 직업을 통해 꿈을 꾸고 희망을 품고 보람을 얻으며 살아간다. 그러나 박근혜에게 직업은 선택이라기보다 운명이었다.

안철수의 경우 새로운 도전을 할 때마다 세 가지를 고려했다. 그 일이 의미 있는지, 열정을 지속할 수 있는지, 잘해낼 수 있는지. 성공 가능성은 고려 사항이 아니었다. 2012년 9월 19일 출마 선언을 하면서도 먼저 밝힌 것이 바로 그것이었다. '잘할 수 있는가에 대해 자문하고 또 국민의 소리를 들어보는' 자기 스타일대로의 과정을 거친 것이다. 그 과정이 답답하다고, 기다리기 피곤하다고 하는 사람들도 많았다. 지나치게 전략적이라고, 정교하게 계산해 움직이는 술사의 모습이라고 폄하하는 사람들도 있었다. 그러나 지금껏 그가 보여준 진지함으로 볼 때 예의 '출사의 변'을 액면 그대로 믿어도 좋을 것 같다.

직업 정치인 박근혜는 '원칙이 있다'는 평가를 받아왔다. 무릇 정치인은 신념윤리와 책임윤리를 가져야 한다. 그 점에서 박근혜는 어느 정치인들보다 강점을 갖고 있

다. 46세이던 1998년 15대 국회 보궐선거에 당선되어 국
회의원이 된 그. 이미 23세 때 어머니의 유고로 자리가 빈
퍼스트레이디 역할을 맡았다. 그때부터 좌우명은 '부지런
한 새가 신선한 먹이를 얻는다'였다. 어머니에게 배운 교
훈이었다. 하루 다섯 시간만 자고, 현장 방문을 원칙으로
직접 민원을 해결했다.

지금도 그렇지만 1970년대 중후반의 한국은 그저 앞만
보고 달리는 기관차처럼 사회 곳곳에 어두운 구석이 많은
상황이었다. 경제는 나날이 성장했지만 따뜻한 보호와 위
로의 손길이 필요한 곳도 많았다. 그런 현장을 부지런히
찾아다녔던 그의 인생에는 '구국', '국익 최우선' 같은 단
어가 가장 앞에 배열되어 있었다. 청와대를 떠난 지 20년
만에 다시 정계 복귀한 것도 IMF의 구제 금융을 받던 시
기였다. 자신이 도와 아버지가 이룩한 산업화가 물거품이
되어간다는, 이러다간 나라가 망할지도 모르겠다는 우환
의식이 있었다.

박근혜에게는 두 가지 이미지가 공존한다. 하나는 '규
범에 강하지만 상상력이 부족하다'는 것. 또 하나는 '명사

형 인간'이란 것.

　전자의 경우 원칙과 소신이 워낙 강한 나머지 자신이 만들어놓은 틀, 즉 자신만의 프레임에 갇혀 있다는 의미다. 그는 아버지 박정희와 생각이 같은 동지였다. 유신을 반대하는 시위의 의미를 제대로 이해하지 못했다. 젊었지만 사고는 그다지 유연하지 않았다. 사회적 인식의 폭이 제한적이었다. 아버지의 그림자에 눌려 있어서가 아니라 본인 스스로 그런 의식을 갖고 있는 듯하다. 이른바 보수 논객들은 '야권과 비판적 시민사회가 박근혜를 역사 문제의 틀에 가두었다'고 주장한다. 그러나 실상은 그들 스스로 그 프레임에 갇혀 있다고 해야 옳다.

　추석 명절을 앞둔 9월 24일 오전, 박근혜는 기자회견문을 낭독하는 형식으로 논란이 일던 역사 인식 문제에 대한 입장을 밝혔다. 5·16과 유신을 "역사의 평가에 맡기자"던 인식에서 벗어나 "헌법의 가치를 훼손한 일"이라고 말한 것이다. 일견 전향적인 변화를 보인 듯했지만, 정작 그가 하고 싶은 이야기는 괄호 안에 들어가 있다. 정치적 타협으로 다수 국민의 눈높이에 맞추려는 정치적 타협을 선보였지만 역사 인식 자체가 변하긴 쉽지 않아 보인다. 규범에 강하지만 상상력에는 한계가 있기 때문이다.

'명사형 인간'이란 둥글기보다 각진 네모꼴의 느낌을 준다는 뜻이다. 그의 평소 표정과 화법은 틈이 없이 반듯하다. 내거는 표어도 늘 명사형이다. '국민행복'. '내 꿈이 이루어지는 나라'. 똑 떨어지긴 하지만 여운이 없다. 반듯하지만 따뜻함보다는 차가움이 느껴진다. 아닌 게 아니라 그의 별명 중 하나가 '얼음공주'다.

배우 신성일이 자서전 《청춘은 맨발이다》를 발간한 뒤 TV에 출연하여 박근혜의 선거를 도왔던 시절을 언급한 적이 있다. 그를 어떻게 생각하느냐는 사회자의 질문에 "차가운 사람"이라고 답했다. 그는 박정희의 신세를 많이 진 사람이다. 경부고속도로 개통식 날, 잘나가던 배우 신성일은 시속 180㎞로 무스탕 마하 원을 몰아 박정희의 시승차를 앞질러갔었다. 이때 박정희는 동승했던 경호실장 박종규에게 너그럽게 "오래 살라 그래"라고 했었다. 신성일이 직접 들려준 이야기다. 신성일은 박정희의 복심인 박태준과도 가족 전체가 친밀하게 지내는 사이였다. 그런

저런 인연으로 신성일은 박근혜의 출마를 최선을 다해 도
왔다. 덕분에 당선도 되었다. 하지만 밥 한 끼 같이 하기
는커녕 고맙다는 인사도 받은 바 없다고 했다.

전쟁 상황도 아닌 평시에 부모를 모두 총탄에 잃은 그
의 깊은 상처. 겪어보지 않은 사람은 감히 이해할 수 없을
것이다. 가족이라도 곁에 있다면 다소 위안이 되겠지만
그마저 아니다. 믿었던 사람에게 배신당해 최후를 맞은
아버지를 보았고, 청와대를 나와 야인으로 지낼 때는 가
까웠던 사람들이 하나둘 떠나고 외면하는 모습을 보았다.
박근혜의 자서전 제목은 《절망은 나를 단련시키고 희망은
나를 움직인다》다. 절망을 이기고 희망의 끈을 잡아보려
이를 악물었을 그에게 넉넉한 웃음을 기대하는 것은 무리
한 바람일지 모른다.

안철수는 내성적인 자기 완결형 인간이다. 대를 이어
의사가 되었지만 전공은 환자를 대하는 임상의가 아니라
기초의학이었다. "환자를 한 명 한 명 직접 진료하는 것도
의미 있지만 병의 원인을 알아내고 치료법을 발견하는 것
도 중요하다고 생각했어요. 기계를 좋아하니 실험하고 결

과를 측정하는 것도 유리할 테고요."

활달한 인간관계보다는 오히려 혼자 연구하는 작업에 더 익숙한 안철수. 그가 벤처 기업을 경영했다는 건 보통 변신이 아니다. 1995년 안철수 연구소(안랩) 설립을 전후해 안철수의 인생은 '혼자 몰두하는 스타일의 안철수'와 '사람들과 어울리는 경영인 안철수'로 구분된다. 마흔이 넘어 미국의 대학으로 MBA 유학을 간 것도 일반적인 모습은 아니었다. '그 정도 위치'라면 방문학자나 교환교수로 가도 되건만 그는 굳이 시험을 쳐서 학위 과정에 들어갔다. "직접 기업을 꾸려본 경험을 바탕으로, 종합적인 사고력을 키우기 위해서였어요. 경영학은 실용적인 지식의 집합이기 때문이죠."

굳이 사서 고생하는 스타일이다. 필요하다면 최선의 방법으로 도전하고 결국 해낸다. '방법이 결과를 결정한다'는 이치를 체득하고 있다. 그가 융합이나 통섭이란 작업에 강한 이유다.

이런 안철수에게 '형용사형 인간'이 느껴진다. 명사형이 네모지고 딱딱한 느낌이라면 형용사형은 둥글고 부드러운 느낌이다. 그는 유연하다. 입장을 바꿔 생각해보는 역지사지易地思之의 사고에 익숙하다. 또한 끊임없이 새로운 도전을 시도하는 모습을 보면 집중력과 상상력이 풍부함을 알 수 있다.

하지만 확실한 한 방은 없다. 상식을 무기로 현실을 진단하고 재단하지만 대안은 아직 제시 못하고 있다. 2011년 10월 서울시장 보궐선거. 자신이 양보하고 지지했던 박원순이 당선되자 그는 "상식이 비상식을 이겼다"라고 평가했다. 선거는 그 치열함에 있어 전쟁과 스포츠의 중간쯤 된다. 그런 선거를 상식과 비상식의 대결로 볼 만큼 안철수는 상식을 좋아한다.

대선 출마를 선언하던 날에도 그는 예의 상식을 들고 나왔다. 하지만 상식을 넘는 그 무엇을 내보이지는 못했다. 스스로 밝혔듯 현재 한국이 안고 있는 문제는 복잡하고 오래된 것이다. 누가 대통령이 되든 5년 임기 동안 깔끔하게 처리할 수 있는 일이 아니다. 그런데도 국민의 합의나 동의, 수평적 리더십이라는 미명으로 '대안 없음'을 가리고 있다. '미스터 쓴소리' 조순형 전 의원은 "정치인은 현실 문제를 해결해야 할 책무가 있기에 구체성과 현실성 그리고 예측 가능성이 있는 말만을 해야 한다"라고 전제하고, 그런 의미에서 안철수의 출마 선언은 내용도 부족하고 무책임하다고 말했다. 이제는 그의 사람됨이나 스타일이 아닌 '내공'과 '맷집'이 시험대에 올랐다.

안철수에게는 또한 매사에 '굿 보이'가 되어야 한다는 강박관념이 있어 보인다. '안철수 현상'을 안철수가 수용하는 과정에서 '메시아 콤플렉스'마저 생겼다는 지적도 있다. '메시아 콤플렉스'나 '착한 사람 콤플렉스'가 심해지다 보면, 스스로 자신의 미화되고 각색된 기억을 믿게 되는 기이한 증세가 생길 수 있다. 자신의 역량을 넘는 과중한 '소명'을 수행하고자 스스로를 과포장하고, 그 포장지에 쌓인 모습만을 보여주게 된다는 뜻이다.

마키아벨리 같은 현실주의자는 경고할지 모른다. "언제나 선하려고 애쓰는 사람은 선하지 않은 많은 사람들 틈에서 반드시 파멸되기 마련이다." 안철수가 막 시작한 것은 '선하기만 하면 결코 가질 수도 없고 관리할 수도 없는' 권력이라는 사회적 게임 놀이다.

안철수를 비판하는 이들이 근거로 대는 논거가 몇 가지 있다. 컴퓨터 백신 프로그램을 7년 동안 무료로 제공했다는 것과 안랩 직원들에게 주식을 무상으로 증여했다는 것은 허구이며, 맥아피 사의 1,000만 달러 제안설은 거짓말이란 것 등이다. 안철수 재단을 만들기 전 안랩의 주가가 이상 폭등한 것에 대해 사주로서 경고하지 않은 것은 비도덕적이라는 주장도 있다. 요컨대 비판자들은 '사실이 아니거나 별것 아닌 것을 대단한 것으로 부풀려 말하는 안철수의 진실성을 의심'하고 있다. '안철수 현상'이 있게 한 그의 인간적 매력, 즉 나눔과 헌신과 진실한 담백함 등이 꾸며진 신화거나 과장된 허세라는 것이다.

그러나 그에게서 허풍이 느껴지지는 않는다. 일부러 거짓말을 했다고 생각되지도 않는다. 안철수는 표정과 화법이 늘 부드럽고 조곤조곤한 편이다. 그래서 사람들로 하여금 귀를 기울이게 만든다. 다만 큰 울림이 없다. 맑고 순한 느낌은 있지만 자신감이나 당당함 같은 매력은 부족하다. 사람은 매력과 향기다. 안철수의 매력은 너무 약하고 향기는 너무 은은하다. 상황은 엄중한데 그 표정은 너무나 순진하다. 그런 그를 "착한, 너무나 착한" 사람이라고 규정하는 역설적 표현까지 등장했다.

'국민이 선택하는 새로운 변화가 시작됩니다.' 그의 대선 출사 표어다. 이 또한 지나치게 설명적이고 늘어진다. 다시 말해 형용사형이다. 출사표를 발표하는 말미에 SF 작가 윌리엄 깁슨의 "미래는 이미 와 있다. 다만 아직 고르게 퍼지지 않았을 뿐이다"라는 말을 인용했던 것도 형용사형이다. 여운이 남는다.

이처럼 총론은 누구나 동의할 수밖에 없는 상식선에서 출발한다. 그러나 정작 '어떻게'라는 각론으로 가면 별 대안이 없다. 선명하게 똑 떨어지는 무엇이 없다. 흔히 '공부하는 사람은 지나치게 논리적이어서 현실 적응력이 떨어지고, 예술하는 사람은 상상력이 뛰어나지만 비현실적'이라고 한다. 따뜻한 감성을 가졌고 상상력은 풍부하지만 구체적인 내용은 덜 갖추어진 형태. 안철수에게 아쉬운 점은 이런 대목이 아닐까.

직업은 그 사람의 인생이다.
사람은 청년 시절에 택한 직업을 통해
꿈을 꾸고 희망을 품고 보람을 얻으며 살아간다.
그러나 박근혜에게 직업은 선택이라기보다 운명이었다.
안철수의 경우 새로운 도전을 할 때마다 세 가지를 고려했다.
그 일이 의미 있는지, 열정을 지속할 수 있는지, 잘해낼 수 있는지.
성공 가능성은 고려 사항이 아니었다.

말에 있어서 박근혜와 안철수 모두
눌변이라고 할 정도로
신중히 다듬어진 편이다.
정치란 언어에 진정성을 담고
수사를 씌워 표현하는 일이다.
인간에 대한 기본적인 예의도 없이
각박하고 비루하게 트집 잡는 말이
난무하는 정계 한가운데,
두 사람의 언어는 점잖은 수준을 넘어
고상하기까지 하다.

03

화법, 뚝심의 언어와 진심의 언어

말은 그 사람이다. 말은 그 사람의 마음을 표현한다. 마음에 가득한 것이 입 밖으로 나오게 되어 있다. '말 네 필이 끄는 마차로도 한번 뱉은 말은 따라잡을 수 없는 법'이다. 말은 잘하면 말씀이 되지만 함부로 쏟아내면 소리가 되고 소음이 된다.

공자의 제자 재아는 말을 잘하는 사람이었다. 끈기 있게 물고 늘어져 연구에 몰두하는 스타일은 아니지만 번뜩이는 언변이 있었다. 한마디로, 성실하지는 않지만 말은 넙죽넙죽 잘했다. 그런 재아를 공자가 나무라고 야단치는 장면이 《논어》에 나온다. 공자는 달변보다 눌변이 낫다고 했다. 꾸미는 말인 교언巧言을 꾸짖으며 "말하는 데는 어눌하고 행동하는 데 재빨라야 한다"라고 강조했다.

공자는 논리가 치밀한 것을 뜻하는 '논독論篤'도 그다지 칭찬하지 않았다. "논리가 치밀한 사람을 칭찬한다면 그것은 군자라는 이야기인가 아니면 말만 근사하다는 뜻인가?" 자기 논리에 빠져 각박하고 경망스런 언어를 마구 구사하는 요즈음 몰상식한 지식인들을 경계하는 뜻으로도 들리는 말이다.

말에 있어서 박근혜와 안철수 모두 눌변이라고 할 정도로 신중히 다듬어진 편이다. 정치란 언어에 진정성을 담고 수사를 씌워 표현하는 일이다. 인간에 대한 기본적인 예의도 없이 각박하고 비루하게 트집 잡는 말이 난무하는 정계 한가운데, 두 사람의 언어는 점잖은 수준을 넘어 고상하기까지 하다.

박근혜의 언어는 절제되어 있다. 그리고 무게감이 있다. 괜한 말은 안 한다. 말을 적게 하면 실제보다 더 힘이 있어 보이는 이치를 깊이 체득하고 있다. 함부로 하는 말,

특히 신랄한 말은 반드시 대가를 치른다는 사실도 잘 알고 있다. 1991년 11월, 그가 쓴 독서노트에 《논어》 〈이인〉 편의 한 구절이 메모되어 있다. "옛 사람이 말을 함부로 하지 않은 것은 몸이 말에 미치지 못할까 부끄러워했기 때문이다."

이처럼 말의 무서움을 잘 알고 있다. 따라서 박근혜는 촌철살인적이다. 핵심만을 찌르는 짧은 표현에 능하다. 이를테면 아버지의 사망 소식을 듣고 극심한 충격에서도 첫 마디가 안보를 염려한 "전방은요?"였으며, 면도날 테러로 얼굴을 봉합하는 대수술을 하고 깬 다음 첫 마디는 선거를 염려한 "대전은요?"였다. 고수다.

박근혜의 대선 후보 수락 연설을 보면, 모든 문장은 시종 "~하겠습니다"로 마무리된다. 강한 결의를 볼 수 있다. "반드시"란 표현은 7번이나 사용되었다. 강한 권력 의지를 나타내는 것이다. "저의 삶은 대한민국이었습니다"라는 대목은 그의 인생 곡절을 알고 있는 사람들의 가슴을 뭉클하게 만든다. 여러 후보 중에 오직 그만이 할 수 있는 표현이다. 이처럼 대체적으로 '여성성'보다 '중성성'이 느껴지는 언어들이다.

안철수의 언어도 매우 정제되어 있다. 깊은 고민이 묻어 있다. 또한 진정성이 있다. 말을 적게 할수록 더 심오하고 더 신비롭게 보인다는 사실을 그는 잘 알고 있다. 모호한 표현도 곧잘 사용한다. 다소 사변적이고 논리적으로 설명하려는 학자풍은 있지만, 핵심을 꼭 집어 말하는 능력이 탁월하다. 출마 선언 때, 기자들이 던지는 12가지 질문의 답변에서 그는 말의 무게를 새삼 보여주었다. 그가 강조한 '쇄신'과 '융합', '소통'이 모두 설득력 있게 들렸다. 다만 말을 "~습니다"로 마무리하지 않고 "~어요"나 "~죠"로 하는 것에 대해, 그를 폄하하는 사람들로부터 덜 어른스럽다는 지적을 받는다.

대선 출마 선언 당시 안철수는 '진심의 정치'라는 키워드를 활용했다. 그의 진정성과 잘 어울리는 대목이다. 말 만들기 좋아하는 사람들이 마음 심 자를 이용해서 '박근혜는 뚝심', '문재인은 합심' 그리고 '안철수는 진심'이라는 조어를 꾸민 모양이다. 나름 일리가 있다.

안철수는 기존 정치권 후보들과의 차별화를 위해 '미

래'라는 표현을 아홉 번이나 사용했다. 이처럼 차별화에는 성공했지만 정작 자신의 메시지를 전달하는 데는 부족함이 있었다. 다만 '상식'을 말했을 뿐이다. 여기서 그의 힘이 보인다. 상식을 말하지만 진심이 느껴진다는 점이다. 그래서일까, 안철수는 이미 '언어와 타이밍의 고수'라는 평을 들었다. 사람들이 궁금해하는 주요 쟁점에는 여전히 모호한 화법을 보이며 '노회한 것으로는 이미 정치 9단'이란 평도 들었다. '구름당의 당수'답게 뜬구름 잡는 말을 너무 진지하게 한다는 비판도 있었다. 어쨌거나 그가 언어를 잘 다루는 것은 맞다.

박근혜와 안철수는 모두 품성과 예모가 잘 어우러진 사람들이다. 사람이 품성과 매너가 모두 잘 어우러진 상태를 공자는 문질빈빈文質彬彬이라고 표현했다. 예모인 문文과 품성인 질質을 겸비하는 것은 바람직하지만 무척 힘든 일이다. 두 사람 다 애써 운명을 개척해왔고, 몸과 마음을 안정적으로 잘 닦았다.

지도자에는 안정감을 주는 유형과 쾌감을 주는 유형이

있다. 두 가지를 겸비하면 좋겠지만 그런 지도자는 흔치 않다. 중국 근대의 문인 왕궈웨이王國維는 말했다. "사랑스러운 사람은 미덥지 않고 미더운 사람은 사랑스럽지 않다可愛者不可信可信者不可愛."

기막힌 통찰이다. 하지만 그런 사람이 아예 없는 것은 아니다. 역사적으로 보면 율리우스 카이사르나 조조가 안정감과 쾌감을 다 갖춘 지도자였다. 미국인들이 사랑하고 존경한 로널드 레이건 대통령도 그런 유형이었다. 우리나라의 지도자 중에 두 가지를 겸비한 사람은 안타깝게도 없어 보인다. 박근혜와 안철수는 둘 다 안정감 형이다. 그러니 그들로부터 레이건이 보여준 유머 감각이나 조조의 호방한 시심까지 기대할 수는 없을지 모른다.

박근혜와 안철수는 모두 품성과 예모가 잘 어우러진 사람들이다.
사람이 품성과 매너가 모두 잘 어우러진 상태를
공자는 문질빈빈文質彬彬이라고 표현했다.
예모인 문文과 품성인 질質을
겸비하는 것은 바람직하지만 무척 힘든 일이다.
두 사람 다 애써 운명을 개척해왔고,
몸과 마음을 안정적으로 잘 닦았다.

근혜철수

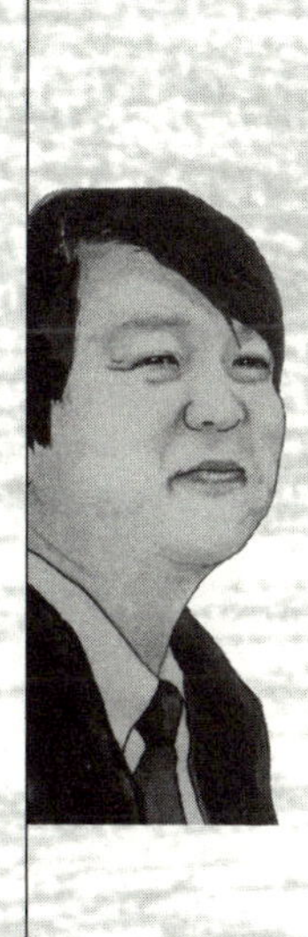

2막 지도자다음에 대하여

카리스마 리더십은 자기 정당성과
불같은 정열 그리고 강력한 권력욕에
기초하여 강인한 추진력을 보이는 유형이다.
반면에 코디네이터(조정자) 리더십은
권위와 인격에 기초하여 세력 균형의
방식으로 여러 입장을 조율,
합리적 대안을 만들어가는 유형이다.
박근혜는 카리스마 리더십에 가깝고,
안철수는 조정자 리더십에 가깝다.

리더십, 카리스마와 코디네이터

❧

"권력이란 국민이 부여하는 것입니다. 어느 누구도 권력을 나눈다고 말할 수는 없습니다. 권력은 국민으로부터 부여받은 만큼, 아무리 힘들어도 끝까지 책임을 져야 합니다. 저는 대통령이 어떤 자리인지 가까이에서 오랫동안 봐서 잘 이해하고 있습니다. 24시간 노심초사하는 자리이며, 무한대의 책임을 지는 자리인 것입니다."

2005년 9월 7일. 대연정을 제안한 고 전 노무현 대통령과 만난 자리에서 박근혜가 한 말이다. 그의 권력관과 지도자관이, (대통령직에 대한) 단단하고 엄중한 책임윤리가 여기 오롯이 담겼다. "노무현 시대를 빨리 끝내는 것이 어떨까 하고도 생각해봤다"라는 노무현의 발언에 박근혜는 "앞으로 그만둔다는 말씀은 제발 하지 마십시오. 국민이 불안해합니다"라고 대꾸했다. 쾌감형 리더십의 노무현과 안정감형 리더십의 박근혜가 정확히 대비되는 대목이다.

박근혜가 롤 모델로 생각하는 지도자는 누구인가. 바로 부친 박정희다.

박근혜는 아버지에 대한 존경심이 유난하다. 예기치 않게 퍼스트레이디로 활동하기 전인 청소년 시절부터, 아버지와 나라 경영에 대해 자연스레 이런저런 대화를 나누었다고 그는 회고한다. 아버지 박정희는 "검소했고, 낭만적이었으며, 오직 나라를 부강하게 만드는 데 전념했던 분"이었다. 그 모습을 보면서 자연스럽게 '국익 최우선'이란 신념을 키워왔다. 딸인 박근혜뿐 아니다. 그 시절을 그리워하는 박정희 향수가 우리 사회에 상당히 퍼져 있을 정도로 박정희 리더십은 나름 의미가 있다. 산업화라는 공이 있지만, 헌정 질서를 파괴하고 정치 발전을 지연시켰으며 인권을 유린한 과도 물론 분명히 존재한다. 이른바 개발독재의 리더십인 것이다. 하지만 공과 과를 넘어 '박정희 리더십'만큼은 일단 인정해야 박근혜의 '지도자다움'에 대한 해석이 가능하다.

"21세기 리더십은 그 사람이 가진 지위에서 나오는 것이 아니라 대중에게서 나오는 것 같아요. 결국 리더십의 요체는 대중이 주는 것이죠."

"민주 사회에서 정치적 리더십은 국민으로부터 주어지는 것이라고 봅니다."

"후보 단일화는 국민의 동의가 필요합니다."

모두 안철수의 말이다. 그가 강조하는 수평적 리더십, 국민과 소통하는 리더십을 이 안에서 분명히 확인할 수 있다. 후보 단일화를 묻는 기자들의 끈질긴 질문에 안철수는 거듭 '국민의 동의'가 전제되어야 한다고 말했다.

안철수가 롤 모델로 존경하는 지도자는 미국의 32대 대통령 프랭클린 루즈벨트다. 루즈벨트는 미국 대통령 44명 가운데 단 세 사람, 조지 워싱턴과 링컨과 더불어 카리스마를 인정받고 있는 인물이다. 루즈벨트 취임 당시인

1933년 미국은 역사적으로 불안하고 힘든 시절이었다. 근로자 25퍼센트인 1,500만 명이 실업자였고 무려 4,600곳의 은행이 파산했다. 일찍이 경험해보지 못한 난리였다. 루즈벨트는 바로 그때 "우리가 두려워해야 할 것은 두려움 그 자체다"라는 의미심장한 말을 남기며 과감하고 결단력 있는 정책들을 수행해나갔다. 비전과 목표를 명확하게 제시했고, 국민들을 설득하여 지지와 참여를 이끌어냈다. 또한 그는 이미지 정치에도 상당한 고수였다.

안철수는 그 같은 뉴딜 정책으로 대공황을 극복한 루즈벨트의 리더십을 배우고 싶다고 한 것이다. 자신의 대담집에서 그는 정직한 리더십을 강조하며 이런 말을 인용했다. "여러 사람을 잠시 속일 수 있고 일부 사람을 항상 속일 수도 있지만 많은 사람을 영원히 속일 수는 없다." 링컨이 했던 말이다. 안철수는 프랭클린이나 링컨 같은 카리스마형 지도자를 흠모하는 모양이다.

'리더십이 있다' '지도자답다'는 건 대저 어떤 의미일까. 어떤 유형의 리더십이 가장 바람직한 것일까. 결론부터 말하면 '국민이 원하는 유형'이 가장 이상적이다. 리더십 이란 기본적으로 상황의 산물이다. 영웅형 리더를 필요로 하는 때가 있고 철인형 리더십이 요구되는 때가 있다. 카 리스마 넘치는 지도자가 등장할 때가 있고 기업가형 지도 자가 대세인 시절도 있다.

이처럼 리더십은 시대와 공간의 요구로 결정된다. 그 판단과 선택은 국민이 한다. 이것이 대중 민주주의의 힘 이자 한계다. 문제라면 스스로 판단하고 선택해야 할 국 민들이 선동에 쉽게 휘둘린다는 점이다. 대중은 선동가적 지도자와 창의적 지도자를 구분 못한다. 카리스마와 권위 주의를 구분 못한다. 결론은 이렇다.

리더십은 상황의 요구로 결정된다.

결국 선택하고 판단하는 국민들이 이성적이어야 한다.

선동 정치나 감성 정치에 휘둘려서는 안 된다.

리더십의 분류 방법은 많다. 그 중에서 대표적인 세 가지 방식을 통해 박근혜와 안철수 두 사람의 리더십을 분석해 보자.

첫째, 리더의 성격적 유형은 열형熱型과 온형穩型 그리고 흔형很型으로 나눌 수 있다.

열형이란 보통 창업자 유형이다. 자기 고집이 강하고 대중 선동에 능하며 혁명적인 변화를 능히 수행하는 스타일이다. 엄청난 에너지 덕분에 큰일을 만들기도 하지만 그 에너지를 주체하지 못해 망가지기도 한다. 김영삼과 노무현이 대표적인 열형이다. 중국의 마오쩌둥과 영국의 처칠, 미국의 조지 W. 부시와 구소련의 고르바초프도 열형 리더들이다. 모두 불같은 성격의 소유자들이다. 정치 지도자는 아니지만 애플의 창업자 스티브 잡스도 대표적인 열형 리더다.

온형은 평화로울 때 치세를 잘하는 스타일이다. 포용력이 있고 무난하다. 우리 대통령 중에는 꼭 맞는 사람이 없지만 굳이 꼽자면 노태우가 그나마 온형이라고 할 수 있다. 그의 별명 '물태우'가 증거다. 노태우는 '물처럼 처세하는 게 최상이다(상선약수上善若水)'라는 노자의 충고를 정계에서 실천한 사람이다. '사람을 물로 본다'는 것은 무시하는 뜻도 된다. 그러나 결국 불을 끌 수 있는 것은 물이다. 열형의 마오쩌둥과 흔형의 덩샤오핑을 이어 중국을 '대국굴기大國崛起(강대국으로 힘차게 성장함)'시킨 장쩌민도 대표적인 온형 지도자다.

흔형은 매우 끈질기고 집요한 스타일이다. 상황이 여의치 않을 때는 도광양회韜光養晦(어려울 때 몸을 낮추고 실력을 기르며 때를 기다린다)하지만 기회가 왔다 싶으면 무섭게 몰아붙여 확실하게 해내는 성격. 김대중이 바로 이 유형이었다. 중국의 덩샤오핑도 대표적인 흔형 지도자였다. 박정희는 묘하게 열형과 흔형이 섞여 있는 스타일이었고 이명박은 그보다 덜 전형적이지만 역시 열형과 흔형의 혼합 스타일이다. 지금 중국의 후진타오는 흔형과 온형이 혼합된 스타일이다.

박근혜는 기본적으로 흔형이지만 열형의 기질을 가졌다. 안철수는 온형의 바탕에 열형이 섞여 있다고 할 수 있다.

흔히 박근혜를 평할 때 '겉모습은 어머니를 닮았고 안의 기질은 아버지를 닮았다'고 한다. 인상은 단아하고 참참한 느낌이지만, 실상은 끈기 있고 집요하며 그 속에 뜨

거운 불을 간직하고 있다는 뜻이다. 1998년 15대 보궐선거로 정계에 입문한 이후 그가 지금까지 보여준 역정이 이를 고스란히 증명해준다.

박근혜는 2007년 당내 경선에서 이명박 후보에게 석패했지만 결과를 흔쾌히 수용했다. 이 상황에 굳이 남자와 여자를 구분할 필요는 없겠지만, 결과에 승복하지 못하고 딴청을 부리는 허접한 남자들이 지천인 정계에서 그는 비범한 담백함과 호방함을 보여주었다. 그리고는 4년 동안 도광양회의 자세로 지냈다. 이명박 정부의 거듭되는 실정을 보며 '그것 봐라' 하는 억하심정도 있었겠지만 그는 끝내 아무 소리도 내지 않았다. '세종시 법안'에 대해서만 단호하게 원칙을 고수했을 뿐이다. 승자에 대한 예우를 그는 끝까지 지켰다.

그러던 중 기회가 왔다. 서울시장 선거에서 참패한 한나라당은 총선에서도 필패의 상황이었다. 당은 박근혜에게 비상대책위원장 자리를 맡겼다. 2004년 3월, 한나라당 대표를 맡아 천막당사에서 국민들의 분노와 실망을 정면승부로 극복해낸 경력을 믿었던 것이다. 그해 4 · 15 총선에서 한나라당은 121석을 얻었다. 박근혜의 힘이었다. 그리하여 2011년 말 다시 당을 책임지게 된 박근혜는 또다시 눈부신 활약을 보였다. 당명까지 바꾸고 보수 정당으로서의 정체성도 '중도 좌' 쪽으로 상당 부분 이동하는 등 대변신을 선보였다. 그 결과 2012년 4·11 총선에서도 전반적인 예상을 깨고 152석 과반 의석 획득이라는 쾌거를 이뤘다. 이 역시 박근혜의 힘이었다. 때가 아니면 조용히 물러나 있다가 기회가 오면 틀림없이 해낸다. 흔형과 열형이 절묘하게 배합된 리더십이다.

안철수가 정치인으로서 리더십을 처음 선보인 것은 서울시장 보궐선거 때인 2011년 여름이다. 당시 그는 현재 박근혜 캠프의 국민행복추진위원장 김종인과 현재 문재인 캠프의 국민통합추진위원장 윤여준에게 정치 참여 문제를 상의했다. 김종인은 국회에 진출하라고 조언했다. 안철수는 국회의원으로서 할 일이 많지 않다고 하며 서울시장을 거론했다. 그 사실을 윤여준이 언론에 밝혔고, 안철수의 지지도는 50퍼센트를 넘었다. '어느 날 깨어보니' 유력한 대중 정치인이 되어 있었다. 그게 2011년 9월 1일의 일이다.

이후 그는 지지도 5퍼센트의 박원순에게 후보 자리를 양보했다. 일찍이 그처럼 '아름다운 양보'를 본 적이 없는 시민들은 환호했다. 그리고 순식간에 대선 후보로 자리매김되었다. 안철수가 정식으로 대선 출마를 선언한 것은 2012년 9월 19일이다. 그러나 실은 서울시장 보궐선거에 출마 의사를 밝히던 즈음부터 사실상의 정치인이었다.

그는 대통령 출마라는 구체적인 선택을 하기 훨씬 전부터 줄곧 히어로가 되려는 노력을 해왔다. 사회봉사의 명분이든 그 이상의 포부를 위한 작업이든 말이다. 그는 1995년 《별난 컴퓨터 의사 안철수》라는 책을 출간한 이후 11권의 저서를 발표했다. 어떤 책은 자신의 얼굴을 표지로 썼다. 대중과 호흡하려는 의도 없이 책 표지에 자신의 얼굴을 넣는 경우는 없다. 다시 말해, 그 당시부터 부지런하고 깨끗한 경영인 이상의 꿈이 있었다는 뜻이다. 명예를 쌓는 수준을 넘어 '대중의 영웅'이 되려는 꿈을 키워왔다는 예측까지 가능하다.

아닌 게 아니라 안철수 팬클럽이 생긴 지도 10년이 넘는다. 2008년부터 그는 청춘들을 위한 연설가가 되어 대중 앞에 섰다. 시대 현실에 좌절과 불안을 느끼는 젊은이들, 정의로움에 목말라하는 청년들에게 기성세대를 대신해 미안하다고 사과하는 한편 위로를 전하고 희망을 말했다. 27개 도시를 순회하며 진행된 그의 강연에 5만 명 넘는 청년들이 모였다. 3,000명 가까운 사람들이 자원봉사에 참여했다.

안철수는 격정적인 웅변이나 선동을 하지는 않는다. 그럼에도 청중들은 그의 따뜻함에 쉬 추종자가 되었다. 그리고 자발적으로 트위터나 페이스북 등 SNS를 통해 감동을 확산시켜나갔다. 안랩을 운영할 때도 그는 아랫자리의 직원들을 존대하는 겸손한 자세를 보였다. 40대 나이에 포스코의 이사회 의장을 맡아 60~70대 이사들과 토론하고 합의해 의사 결정을 이끌어내는 여유도 선보였다. 온화한 리더십이다.

더불어 그에게는 의미 있다는 결정이 내려지고 잘할 수 있다는 결심이 서면 어떠한 난관에 봉착하건 최선의 방법을 찾아 꼭 이루고 마는 강단이 있다. 안랩이란 벤처 기업을 창립하고 키운 창업 기업가의 이력을 보면 알 수 있다. 부드럽고 침착하며 화를 거의 내지 않는다. 그러나 잘 드러나지 않을 뿐 속에는 대단한 호승심과 고집이 있다. 온형의 바탕 위에 열형의 기운 또한 강하다는 뜻이다.

물론 안철수는 정치 경험이나 국정 운영 경험이 없다. 공공 영역의 리더십은 검증받지 못한 셈이다. 노무현 정부 시절에는 정보통신부 장관직을 제의받은 바 있고, 김대중 정부와 이명박 정부에서도 정부 위원회의 위원으로 활동했다. 하지만 그 역시 공직의 리더십을 보여준 것은 아니다. 결국 그의 리더십에 대한 평가는 아직 이르다고 할 수 있다.

둘째, 리더의 성격적 유형은 카리스마 리더십과 코디네이터(조정자) 리더십으로 나눌 수 있다.

카리스마 리더십을 가진 지도자는 강한 자의식과 우월감을 가지고 있다. 따라서 보통 독선적이고 이분법적 사고를 한다. 선악과 적아의 구분이 선명하다. 대중을 동원하고 그들에게 호소하는 데 능하다. 보통 경쟁적인 2인자를 용납하지 않는다. 우리 대통령 중에는 이승만이 전형적인 카리스마 리더십을 보여주었다.

조정자 리더십은 여러 세력 간의 균형을 중시한다. 말하자면 좌·우, 보수·진보, 강경파·온건파를 두루 아우를 수 있는 거대 비전을 제시한다든지, 아니면 두 세력 사이에서 밀고 당기는 섬세하고 절제된 정치력을 발휘한다든지 하는 방법으로 균형을 유지해가는 데 능하다. 우격다짐이나 극단을 싫어하는 절충주의적인 성향이라고 할 수 있다. 이런 유형의 리더는 요란스럽게 적나라한 권력을 행사하기보다 은근하게 실질적인 권력, 즉 조정 능력에 더 집중한다. 안타깝게도 우리의 역대 대통령 중에는 이런 유형의 지도자가 없다. 비운의 혁명가 여운형이 이런 유형의 리더십을 가졌지만 이를 정상에서 발휘할 기회가 없었다.

카리스마 리더십은 자기 정당성과 불같은 정열 그리고 강력한 권력욕에 기초하여 강인한 추진력을 보이는 유형이다. 반면에 조정자 리더십은 권위와 인격에 기초하여 세력 균형의 방식으로 여러 입장을 조율, 합리적 대안을 만들어가는 유형이다. 박근혜는 카리스마 리더십에 가깝고, 안철수는 조정자 리더십에 가깝다.

《논어》의 용어를 빌리면 박근혜는 위威가 강하고, 안철수는 경敬이나 서恕에 강점이 있다. 위는 대중의 마음을 휘어잡는 힘 있고 큰 매력이다. 위가 가능하려면 먼저 무게감인 중重이 있어야 한다. 중이란 언어나 행동이 진중함을 뜻한다. 경은 나를 주장하기에 앞서 조심스럽게 삼가는 자세다. 서는 입장을 바꿔 생각해주는 마음, 즉 미루어 봐주는 마음이다.

카리스마란 대중을 열광시키고 자진해서 심복하게 만드는 초인간적인 천부의 재능이다. 보통 사람이 갖지 못한 선견지명으로 비전을 제시하는 능력이다. 그 선견과 비전으로 나를 따르라는 기치를 세워 대중의 마음을 사로잡는다. 신념과 용기로 대중을 이끌고 간다. 한마디로 위기의 시대에 빛나는 지도자 유형이다. 다만 무엇이든 할 수 있다는 자기도취에 빠지기 쉽다. 제왕처럼 군림하려는 경향이 있어 위험하기도 하다. 그러나 불안과 절망의 시대에는 대중들이 먼저 그를 갈망하기도 한다.

박근혜는 이른바 황태자 교육을 받은 정치인이다. 한국 정계에서는 유일한 존재다. 권위주의 시대에 권위주의적으로 국민을 이끌고 가는 대통령으로부터 직접 정치를 배웠다. 그는 위로부터의 혁명을 주도한 세력의 정점 가까이에 있었다. 세계 정상들과의 만남도 많았다. 정치와 외교 모두에서 숱한 경험을 했다. 세상을 바꾸는 큰일부터 시작해서 피해 갔으면 싶은 최악의 험한 경우까지 두루 다 겪어봤다. 정상에서 바닥까지 다 겪어본 경력자다. 내공이 쌓이지 않을 수 없다. 그 내공이 자연스레 카리스마로 뿜어져 나온다. '선거의 여왕'이 된 것도 대중을 사로잡는 매력 때문이었다. 선거 유세를 하는 박근혜를 보면 어떤 자리에서라도 자연스럽다. 노련하다. 대중이 원하는 바를 단박에 알아차리고 보여준다.

이 대목에 재미있는 이야기 하나가 떠오른다. 한국 영화계의 '원조 변강쇠' 배우 이대근이 인터뷰에서 한 말이다. "엘리자베스 테일러가 아무리 잘났다고 까불어도 엘리자베스 여왕 옆에 서면 식모야, 식모. 이방자 여사도 생전에 얼마나 귀티가 나셨는지 제아무리 예쁘다는 여배우

들도 그분 곁에 서면 단박에 초라해졌어. 진선미를 이기는 것이 귀貴야.”

노배우의 통찰이 기막히다. 박근혜의 카리스마는 바로 그것, 귀貴에 있다. 물론 귀하다는 것은 세상물정 모른다는 뜻이기도 하다. 귀하고 높은 박근혜가 서민들의 애환을 과연 이해할까? 또한 그 카리스마는 다른 한편 독선으로 비치기 쉽다. 자기 신념이 강한 만큼 불통이나 고집으로 보일 수도 있다.

안철수는 세력이나 진영을 넘어선 리더십을 강조한다. 그의 멘토 중 한 사람이며 청춘 콘서트를 제안한 법륜 스님은 안철수를 일컬어 “성장의 리더십과 투쟁의 리더십에 이어 통합의 리더십이 필요한 시대에 걸맞은 지도자”라고 평했다. 안철수는 바로 그런 사명감을 가진 인물이다.

안철수는 여러 세대와 분야 간의 연결고리 역할을 해낼 자신감이 있다고 스스로 밝힌 바 있다. 각 분야 전문가들과 이야기하려면 그들의 문화와 언어를 이해할 수 있어야 하는데 그 점에서 자신이 강점을 가졌다고도 말했다. ‘정당의 기반이나 세력도 없이 어떤 사람들과 어떻게 국정 과제를 풀어갈 것인가' 묻는 질문에 안철수는 '그 분야 최고의 전문가들을 네트워킹으로 연결해서 최선의 방안을 찾아내겠다'고 대답했다.

실제로 그의 대선 캠프 상황을 보면, 안철수는 조직 팀을 구성하는 대신 자유로운 방사형 구조로 이를 운영하고 있다. 참여 인사들의 수평적인 네트워크로 정책을 만들고 이를 융합해간다는 구상이다. 네트워킹과 융합. 그가 잘할 수 있는 작업이다. (한편으로 이는 정당의 기반과 소속 의원의 지원이 없는 상황에서 취할 만한 요령부득의 방책일 수도 있다.) 문제는 이런 새로운 시도가 과연 선거를 알차게 뒷받침해줄 수 있느냐 하는 점이다.

정치적 리더십에 대한 안철수의 인식은 다소 순진한 데가 있다. "2미터 깊이의 수영장이나 태평양이나 수영하는 사람에게는 마찬가지다. (안랩 직원) 300명의 기업을 경영하는 것이나 (서울시 직원) 3만 명을 경영하는 것도 차이가 없다."

일견 패기 있어 보이는 이 발언은 이후 많은 이들로부터 공격의 대상이 되었다. '잔잔한 수영장과 물살 거친 태평양을 어떻게 비교할 수 있느냐', '수영장은 방향이 있지만 태평양은 방향이 없다. 방향이 없는 곳에서 방향을 잡는 것이 정치다' 등의 논박이었다.

또한 문제 해결에 전문가의 네트워킹을 지나치게 강조하는 그의 방식은 자칫 '전문가의 함정'에 빠질 위험이 있다. 조정자로서 다양한 의견을 수렴하는 것도 물론 중요하다. 그러나 정작 그것을 실천해나갈 관료 조직을 끌고 나가려면 상당한 결기의 리더십이 필요하다. 과연 안철수가 이를 근사하게 해낼 수 있을까.

이런 우려들이 있음에도 안철수의 시대 인식, 시대가 요구하는 리더십에 대한 인식은 분명하다. "차기 정부에 누가 정권을 잡더라도 사회 전반적으로 다양한 종류의 분노와 갈망이 동시다발적으로 표출될 가능성이 큰 것 같습니다. 이런 때야말로 억압이 아닌 대화와 설득의 리더십이 필요하죠." 그는 우리 사회의 갈등과 분열이 갈수록 심해질 것이라고 진단했다. 바로 그것을 해소하기 위해 조정자형 리더십, 즉 코디네이터로서의 리더십을 발휘하고자 하는 것이다.

셋째, 리더의 성격적 유형은 자기 지향형과 임무 지향형 그리고 상호작용 지향형으로 분류할 수 있다.

자기 지향형은 자기 개인의 목표를 집단 목표보다 우선시한다. 대중과의 직접 소통을 중시하는 선동가형이다. 자만심과 독선적 태도가 유난하다. '나를 따르면 선, 아니면 악'이라는 선명한 우월의식이 특징이다. 타인의 자신에 대한 역할 기대를 왜곡하거나 무시하는 경향이 있다. 개인 목적과 집단 목적이 서로 괴리를 보일 때는 무자비하게 타인을 희생시켜서라도 자신의 목적을 추구해나가는 스타일이다. 해방정국을 자신의 의도대로 조정해나가서 결국 초대 대통령 자리에 올랐던 이승만이 전형적인 자기 지향형이다.

임무 지향형은 개인적·집단적 희생을 감수하더라도 문제 해결을 위해 리더십을 발휘하는 스타일이다. 노무현과 김구가 이런 유형이었다.

상호작용 지향형은 집단 목표를 위해서라면 개인을 희생하더라도 기꺼이 역할 기대를 충족시키려는 리더십이다. 만일 자신이 리더가 되는 것이 상호작용을 만족시키지 못한다면 스스로 리더의 자리를 포기하는 스타일이다. 해방정국의 여운형이 이런 유형이었다. 역대 대통령 중에는 이 유형이 없었다.

박근혜가 임무 지향적 유형이라면, 안철수는 상호작용 지향적 유형이다.

박근혜가 '언약한 바를 반드시 해낼 것이란 믿음'을 주는 것은 여태까지 강인한 임무 지향 성향을 보여왔기 때문이다. '수첩 공주' 박근혜의 수첩에는 국민들과의 약속이 빼곡히 적혀 있다. 그는 보좌진이 고통스러울 정도로 그 내용을 확인하고 또 확인한다. 박근혜의 리더십은 그런 의미에서 '신뢰의 리더십'이라고 규정할 수 있다.

안철수에게 많은 사람들이 열광하는 이유는 그가 '상호작용을 위해서는 자신의 자리를 흔쾌히 양보하는 배포와 미덕'을 보여주었기 때문이다. 야권을 지지하는 유권자들이 문재인과 안철수의 단일화를 편안하게 기대하는 이유도, 바로 두 사람이 모두 상호작용 지향적인 리더십의 소유자인 까닭이다. 여기에 더해 안철수는 고결한 이상주의자의 리더십까지 갖고 있다. 조곤조곤 진정성 있게 자신의 꿈을 밝히는 소년 같은 이미지. 이것이 안철수 대망론의 중요한 외적 조건이다. 그 자신 리더십의 바탕은 진심이라고 믿고 있다. 안철수의 리더십은 그런 의미에서 '공감의 리더십'이라고 규정할 수 있다.

공자는 리더의 조건으로
'수기修己'와 '치인治人'을 말했다.
수기란 도덕적 인격자가 되는 것이다.
치인이란 통치 능력을 갖추는 것이다.
리더의 조건은 도덕성과 통치 능력이다.
도덕성을 갖춘 인격자는
사회를 위해 그 덕을 널리 써야 한다.
그 말을 뒤집으면, 남에게 영향을 끼치는
리더가 되기 위해 먼저 자신을 잘 닦은
군자가 되어야 한다는 의미다.
공자가 강조한 '사람다움'과 '지도자다움'은
하나의 맥락으로 연결되어 있다.
그걸 추推라고 부른다.
덕을 확장해간다는 뜻이다.
군주건 대통령이건 정치의 정점에 있는
사람은 도덕적 완성자여야 하며
더불어 자신의 덕이 사회에 널리 퍼지도록
능력을 다해야 한다는 말이다.

05

리더의 조건, 수기修己와 치인治人

공자는 리더의 조건으로 '수기修己'와 '치인治人'을 말했다. 수기란 도덕적 인격자가 되는 것이다. 치인이란 통치 능력을 갖추는 것이다. 리더의 조건은 도덕성과 통치 능력이다. 도덕성을 갖춘 인격자는 사회를 위해 그 덕을 널리 써야 한다. 그 말을 뒤집으면, 남에게 영향을 끼치는 리더가 되기 위해 먼저 자신을 잘 닦은 군자가 되어야 한다는 의미다. 공자가 강조한 '사람다움'과 '지도자다움'은 하나의 맥락으로 연결되어 있다. 그걸 추推라고 부른다. 덕을 확장해간다는 뜻이다. 군주건 대통령이건 정치의 정점에 있는 사람은 도덕적 완성자여야 하며 더불어 자신의 덕이 사회에 널리 퍼지도록 능력을 다해야 한다는 말이다.

우리 유권자들이 리더에게 바라고 기대하는 게 바로 이것이다. 도덕성과 통치 능력. 중앙일보와 동아시아연구원이 한국 리서치와 함께 실시한 '국민이 바라는 차기 대통령의 가장 중요한 덕목' 여론 조사에서 박근혜는 국정 운영 능력 면에서 높은 평가를 받았고, 안철수는 도덕성과 소통 능력에서 높은 평가를 받았다. 조사 대상의 46.4퍼센트는 차기 대통령이 '국민과 소통을 잘하는 대통령'이었으면 하는 바람을 보였다. 27.2퍼센트는 '국정 운영 능력이 뛰어난 대통령'을, 22.9퍼센트는 '사리사욕이 없는 도덕적인 대통령'을 기대했다. 도덕성과 소통 능력이 전체의 약 70퍼센트를 차지한 것이다. 안철수는 그 점에서 박근혜보다 우위에 있다. 안철수가 박근혜보다 지지율이 높은 이유다. 후보 이미지를 묻는 중앙일보의 대선 정례 여론조사에서는 박근혜가 책임감이라는 이미지, 안철수는 친밀감이란 이미지가 강하다는 결과가 나왔다.

도덕성의 경우 박근혜와 안철수 모두 존경할 만한 지도

자들이다. 둘 다 자기 관리가 아주 철저하다. 특히 안철수는 그의 이타적인 태도들이 교과서에 실릴 정도로 '착한 시장주의자' 또는 '별나게 멋진 의사'라는 평가를 받아왔다. 2000년에 초등학교 3학년 2학기 도덕 교과서에 그에 얽힌 일화가 소개된 이후 지금까지 모두 11권의 초중등학교 교과서에 나눔을 실천한 그의 다양한 미담과 칭찬들이 기재되어왔다. 이미 위인의 반열에 올라가 있다고 할 만큼 자라나는 아이들의 추앙을 받고 있는 것이다. 안철수의 '지도자의 도덕성' 측면에서 강점이 드러나는 대목이다. 문제는 교과서에 실린 내용들 일부가 사실이 아니거나 과장되었다는 의혹이 있고, 그간의 모범적인 언행들에도 불일치하는 대목들이 적지 않다는 점이다.

비근한 예로 소위 '다운계약서' 소동을 들 수 있다. 실거래가 신고가 의무화된 2006년 이전의 관행이니 불법은 아니다. 그러나 세금 탈루에 대해 매우 강경한 의견을 제시했던 그인 만큼 머쓱해질 수밖에……. 그래도 변명하지 않고 빠르게 사과한 것은 다행이다. 그런가 하면 논문 '재탕'에 대한 보도가 이어졌다. 계약서 건은 인정했고, 논문

건은 아직 갑론을박 중이다.

　사람은 누구나 실수할 수 있다. 안철수에게 쏟아지는 이런 화살들은 그간 지나치게 성인군자로 포장되었던 것에 대한 부메랑일지 모른다. 이는 착함과 깨끗함, 담백한 나눔으로 감동을 주었던 그의 지지도에도 어느 정도 영향을 끼칠 것이다. 안철수를 일컬어 '구름당의 당수'라고 비아냥하던 반대자들은 드디어 구름이 걷히고 실체가 드러나기 시작했다고 반기고 있다. '말은 성인이지만 행동은 속인'이라는 악평도 당장에 나왔다. 안철수마저 '관행'을 말하기 시작하면 그건 사실 딱한 일이다. 아무튼 자신이 만든 이미지에 대해서는 스스로 수습하고 책임져야 할 것이다.

　박근혜도 도덕성 면에서는 큰 하자가 없다. 여론조사에서 나타났듯 '국민과 소통을 잘하는 대통령이 될 것'이란 평가는 낮지만 적어도 '사리사욕을 위해 권력을 남용하지는 않을 것'이라는 신뢰는 받고 있는 그다. 다만 권력이 강제로 빼앗은 '장물'이라는 비난을 받고 있는 정수장학회 건에 대해선 좀 더 전향적인 태도 변화가 필요하다.

부모와 관련된 문제에만 부딪치면 경직된 태도를 보이는 박근혜의 모습은 한편 대견하지만 다른 한편으로는 민심을 읽지 못하는 고집과 불통으로도 보인다.

그리고 또 하나, 그를 둘러싸고 있는 인사들의 도덕적 흠이 끊이지 않고 거듭되는 것도 문제다. 리더의 통치 능력 중 가장 결정적인 조건인 지인知人(사람을 제대로 파악하는 것)과 용인用人(사람을 제대로 등용하는 것)에 약점이 있다는 뜻이기 때문이다.

공자가 리더의 조건으로 제시한 통치 능력의 핵심이 바로 지인과 용인이다. 용인의 능력을 갖추려면 배움과 사색을 통해 지知를 배양해야 한다. 리더 스스로 노력하여 높은 수준의 도덕성을 갖추었다 하더라도 현명하고 유능한 이들의 조력 없이는 감화의 정치를 펴나갈 수 없다. 인仁이 사람을 아끼는 것이라면 지知는 바로 사람을 아는 것이다.

공자의 말처럼 리더라면 늘 열려 있는 마음으로 허물이나 의심스러움에 대해 따끔한 충고를 들을 줄 알아야 한다. 다문多聞과 다견多見, 즉 많이 듣고 많이 보는 과정을 거쳐 용인에 필요한 지성을 키워야 한다. 그래야 사람에 대한 깊은 이해가 생긴다. 그래야 누가 정직하고 유능한 지 누가 아첨에 능하고 겉과 속이 다른지 분별할 수 있다. 그래야 자신보다 나은 인재를 등용할 수 있다. 그래야 비로소 리더 자신은 큰 정치인 통統의 작업을 맡고, 현능한 그들에게 행정이나 관리의 영역인 치治의 작업을 맡길 수 있다. 성공적인 용인에 대해 공자는 분명한 기준을 제시했다. "반듯한 사람을 굽은 사람 위에 놓으면 백성이 따를 것이고, 굽은 사람을 반듯한 사람 위에 놓으면 백성이 따르지 않을 것이다." 곧고 반듯한 인재를 발굴하고 모셔오는 것이 곧 리더의 통치 능력이다.

통치 능력에 있어선 박근혜가 안철수를 압도한다. 20대의 퍼스트레이디 경험은 국가의 최고급 정보를 접하며 외교 등 국정 전반을 두루 파악할 수 있는 값진 시간이었다. 14년에 걸친 5선의 국회의원 경력도 무시할 수 없다. 그 기간 중 2년여 동안 당 대표를 지냈다. 비상대책위원회를 6개월 동안 지휘하기도 했다. 5년 전에는, 비록 당내 경선에서 패했지만, 대선 후보의 반열에도 올랐다.

다만 앞서 지적했듯 지인의 역량에 의문이 남는다. 박근혜식 용인의 기본은 '배신하지 않을 사람을 중용'하는 데 있다. 그만큼 폭이 제한적이다.

시중에 떠도는 농담으로 박근혜 주변 인사들을 네 등급에 따라 분류한 이야기가 재미있다. 최상 등급은 '천종산삼'으로 아버지 박정희 시절부터 인연을 맺어 지금껏 의리를 지켜오고 있는 원로 그룹이다. 대표적인 인사가 현재의 캠프 좌장인 김종인이다. 이른바 7인회 멤버인 김기춘과 김용환도 이 그룹에 속한다. 구태의연하긴 하지만 박근혜에겐 가장 든든한 울타리다. 그 아래 등급이 '장뇌삼'인데 이른바 친박의 실세들이다. 이를테면 사퇴한 비서실장 최경환과 공보단장 이정현, 사무총장 서병수 등이다. 세 번째 등급은 '인삼'으로 범 친박 인사들이다. 가장 아래 등급은 '도라지'인데 인삼 주변의 친박 인사를 말한다. 이 구도는 무엇을 의미하는가. 박근혜가 구태의연한 핵심 측근들에 둘러싸여 열린 마음으로 인사를 하지 못하고 있다는 반증이다.

안철수는 통치 능력을 보여준 경력이 없다. 그러니 그

의 경영자로서의 리더십과 출사표 선언 이후 행적을 따라가며 그 역량을 가늠할 수밖에 없다. 우선 그는 기왕의 낡은 체제에서의 정치 경험을 '그다지 자랑할 것 없는 나쁜 경험'으로 규정했다. 안철수는 빌 클린턴이 대통령 후보 경선 당시 '경력이 부족하다'는 공격을 받고는 "정치 경험이 길지 않은 것은 맞다. 하지만 경험에는 두 가지가 있다. 좋은 경험과 나쁜 경험이다. 나쁜 경험은 오래하는 것보다는 그러지 않는 편이 오히려 낫다"라고 반박한 대사를 인용했다.

그리고 자신이 비록 정치 경험은 없지만 오랜 동안 사회에서 새로운 가치를 만드는 일을 열심히 해왔다고 주장했다. 그러면서 이렇게 덧붙였다. "국민은 따라갈 만한 가치가 있다고 판단하는 사람을 리더로 인정합니다. 그런 사람에게 대중이 선물로 주는 것이 리더십이라고 생각해요." 자연스레 수평적인 리더십, 소통과 공감의 리더십과 연결된다.

그러나 통치 능력과 관련된 안철수의 인식은 엄격한 검증을 거쳐야 한다. 그 과정에서 본인이 준비한 내공과 비전을 충분히 소명해야 한다. 안철수는 성공한 경영인이다. 무에서 유를 만들어낸 창의적인 기업가다. 이 점은 틀림없다. 문제는 기존의 기업가 출신 지도자와 후보자의 경우가 그다지 성공적이지 못했다는 사실이다. 현재의 이명박이나 과거의 대선 도전에 나섰던 정주영과 문국현의 경우에서 보듯, 기업가 출신들은 정치적으로 만족할 만한 결과를 거두지 못했다.

기업 경영과 국가 경영은 본질적으로 다르다. 기업가는 자기 의지대로 일을 추진해가는 선의의 독재자들이다. 애플의 스티브 잡스나 삼성의 이건희 같은 기업가들이 얼마나 독선적이고 고집스러운지 상상해보라. 하지만 그렇게 만들어진 제품이 소비자의 선택을 받고 시장을 점령하게 되면 이야기는 달라진다. 그들의 독선과 고집은 영웅 신화로 뒤바뀐다. 그 과정에서 얼마나 심각한 독재가 있었건 결과만 보람이 있다면 그것으로 충분하다. 시장을 차지하기 위한 전쟁에서 합의나 소통은 문제가 아니다.

그러나 정치는 다르다. 결과가 어떠하건 합의와 소통이 무시되어서는 안 된다. 안철수는 이 사실을 잘 이해하고 있다. "민주주의에서 가장 중요한 것은 과정이고, 설득의 과정과 공감의 과정이 핵심"이라고 그는 강조했다. 국민들이 그를 지지하는 것은 이 과정을 그가 잘 수행해낼 수 있으리란 기대 때문이다. 그러니 이제부터 보여주어야 한다.

클린턴이나 오바마 역시 정치 경험이 많지 않은 인물들이었다. 그러나 안철수처럼 정치 경험이 전무한 정치 아마추어는 아니었다. 클린턴의 경우 30세이던 1976년에 아칸소 주 법무장관을 지냈고, 2년 뒤인 1978년 약관 32세 때 고향인 아칸소 주 주지사에 당선되어 모두 네 차례 주지사를 역임했다. 대통령이 되기 전까지 20년의 정치 경력이 있었다는 뜻이다(주지사 경력은 정부를 운영해봤다는 의미다).

오바마도 1996년부터 일리노이 주 상원의원을 세 차례 연임했다. 더불어 연방 상원의원 경력까지 최소 10년의 정치 경력이 있었다. 그러니 안철수 입장에서 '낡은 체제의 썩은 정치 경험이 없다는 것이 오히려 다행'이라고 강변할 것은 못 된다. 신선한 아마추어가 노회한 프로페셔

널보다 국정 운영을 더 잘할 것이라는 증거가 딱히 없으니 말이다.

안철수의 지인과 용인 능력도 아직 미지수다. 그가 강조하는 지식인 전문가 네트워크는 홍종호 교수와 장하성 교수의 '좌하성 우종호'가 포진해 정책을 만드는 가운데 그 자신이 합세하여 융합하는 작업으로 진행할 태세다. 포럼의 이야기로 "결과는 11월 초에 나온다"고 한다. 그 과정에서 안철수의 사람들이 드러날 것이다. 현재까지 상황으로 보면 40대 진보 성향 전문가들이 주축이다. 거기에 이헌재 전 경제부총리나 최상룡 전 주일 대사 같은 원로들이 받쳐주고 있는 형상이다.

그런데 안철수의 지인과 용인을 가늠해볼 수 있는 한 가지 예가 있다. 바로 윤여준의 경우다. 현재 문재인 캠프에서 국민통합추진위원장을 맡고 있는 윤여준은 박정희 정부 때부터 주로 공보 업무를 해온 보수 진영의 대표적 브레인이었다. 2006년 서울시장 선거 때 오세훈 후보의 선거 캠프 좌장을 끝으로 그는 현실 정치에서 물러나 있었다. 그러다가 안철수의 정치적 상담을 위한 멘토 가운데 한 명으로 다시 등장하게 되었다. 안철수를 대신해 정치적 발언을 한 윤여준은 "내 멘토는 윤여준뿐 아니라 김제동과 김여진 등 300명은 된다"라고 통박을 받았다. 그러고는 인터뷰를 통해 "마음과 달리 말이 잘못 나오는 수도 있다"며 어른스럽게 받아넘겼다. 이후 안철수도 문자 메시지로 사과의 뜻을 전했다고 한다. 그러나 평소 사람에 대한 예의를 강조하고 또 그런 태도를 보여왔던 안철수답지 않은 언어다. 정치 참여를 의논하던 어른을 그 한마디로 300분의 1로 낮춰버린 셈이니 말이다. 아무튼 그 사건 이후 두 사람은 다시 만나지 않았다. 주변에 있던 인물이 다른 캠프로 갔다는 것. 선거 공학적으로 손실이라는 이해타산의 차원을 넘어 주변 사람 관리에 대한 오해를 살 만하다.

하나 더, 이헌재의 경우도 있다. 이헌재 전 재정경제부 장관 겸 부총리는 일도 많이 했지만 비판도 많이 받은 사람이다. 구조조정 전문가로 IMF 금융 위기를 조기 탈출하는 데 기여했던 그는 한편 빈부격차를 심화시키고 고용안정성을 저하시킨 책임이 있다는 평 또한 받았다. 교수 전

성인은 그를 '관치 금융의 할아버지'라고 평했고 장하준은 "제발 그 양반 좀 어떻게 좀 해달라"라고 했다. 모피아[재정경제부MOFE(Ministry of Finance and Economy)와 마피아를 합친 합성어로, 재경부 출신 관리들이 산하 기관을 장악하고 거대 세력을 만들어 경제계를 장악한 것을 비판하는 뜻이다]의 대부라고도 불리는 인물. 기본적으로 안철수와는 생각이 다른 '양립 불가의 인사'라는 게 일반적인 평이건만, 안철수는 그런 이헌재를 대선 출마를 선언하는 자리에 모시고 나왔다. 그렇잖아도 출정식에 어떤 인사와 함께 나타날지 다들 이목이 집중되던 참이었다. 그런데 몇 안 되는 인사 중 한 명이 뜻밖에 이헌재였다.

출정식 날 '전직 대통령들의 공과 과'에 대한 기자들의 질문에, 안철수는 "김대중 정부의 공은 경제 위기를 극복한 것이고 과는 양극화를 심화시킨 것"이라고 답했다. 노무현 정부에 대해서는 "공은 권위주의를 타파한 것이며 과는 재벌의 경제력 집중과 빈부 격차가 심화된 것"이라고 했다. 안철수가 지적한 두 정부의 '경제력 집중'과 '양극화 심화'에 상당한 책임이 있는 장본인이 바로 이헌재다.

위기에 강한 이헌재의 경험은 물론 귀하다. 안철수는 위기를 극복한 그의 경험을 듣고 싶었을 것이다. 안철수가 강조하는 융합을 위해서는 이헌재와 장하성처럼 '서로 다른 지향을 가진 인사들'의 다양한 의견이 필요할 것이다. 안철수의 스타일을 긍정하는 쪽은 그게 바로 융합과 통섭이라고 칭찬한다. 부정하는 쪽은 일관성이 없다고 비난한다.

그러나 융합과 일관성을 넘어선 문제가 하나 있다. 대선 출정식에 모시고 나왔던 경제 분야의 어른을, 몇몇 지적과 비판이 있다고 해서 금세 뒷자리로 물러 세웠다는 점이다. 자문만 한다고 한다. 윤여준을 경원했듯 이헌재도 중용은 안 한다는 뜻이다.

안철수는 지금까지 용인술이 그다지 필요 없는 작업을 해왔다. 그리고 "바로 이런 사람들과 함께 정치를 하겠다"며 자신의 사람을 보여주지도 않았다. 자신의 부족한 정치 경험을 보완해줄 국사급 인재들을 아직 내보이지 못하고 있는 것이다. 지인知人은 무엇보다 훌륭한 재상을 고르는 것에서 먼저 시작한다. 출사한 후 안철수는 가장 먼저 국민들에게 이를 보여주어야 하지 않았을까. 자신이 강조하는 정치 쇄신에 함께할 정부의 수장을 비롯해 예비 내각 정도는 밝혔더라면 어땠을까. 지금이라도 안정감을 보강해줄 주변 인물 확보가 시급하다. 그가 어떠한 지인과 용인을 보여줄지 지켜볼 일이다.

리더의 조건도 여러 가지고 리더십에서 중요한 포인트도 여러 가지다. 그 중에서 가장 중요한 것이 '대세를 읽는 능력'과 '리더와 추종자와의 관계'다. 대세를 읽는 능력이란 이른바 시대정신을 파악하고 문제를 해소해가는 역량을, 리더와 추종자와의 관계란 소통과 설득 능력, 즉 상호작용 역량을 말한다.

현재 우리 사회에 필요한 것은 불안 해소다. 공정함이다. 일자리 문제를 포함한 민생이다. 박근혜와 안철수는 이 같은 시대정신에 대한 인식이 분명하다. 그 문제를 해소하기 위해 박근혜는 경제민주화와 복지를 말했다. 그리고 안철수는 두 바퀴 경제, 즉 혁신 경제와 경제민주화를 말하고 있다. 문제는 역시 실천해나갈 역량과 리더십일 것이다.

국민들은 소통할 수 있는 친밀한 리더를 대망하고 있다. 불안하고 힘들기에, 위안이 되는 푸근한 리더의 출현을 기대하고 있다. 리더는 외적인 능력과 더불어 내면에서 솟아나는 성격이 더욱 중요하다. 바로 연민의 감정이다. 타인과 공감하고 이해하고 도와주려는 마음. 사람을 아끼는 마음. 그게 바로 지도자다움의 기본이다. 이처럼 리더십은 개인의 속성이지만 동시에 관계 속에서 이루어지기도 한다.

박근혜와 안철수, 누가 더 소통을 잘할까. 누가 더 끈끈한 상호작용의 역량을 가졌을까. 누가 더 설득력이 있을까. 누가 더 자발적인 추종을 이끌어낼 수 있을까. 누가 더 긍정적인 영향력을 행사하고 있을까. 모든 선택과 결정은 국민의 몫이다.

"정치는 덕으로 하는 것爲政以德"이라고 공자는 말했다. 여기서 말하는 덕은 사양과 배려다. 덕으로 하는 정치, 덕치를 말함이다. 이는 리더가 스스로 사양하는 마음을 닦아서 그것을 다른 사람에 대한 배려로 확산시키는 정치다. 이즈음 국민들이 정치권에게 가장 바라는 것이 그러하다. 민생과 상관없는 정치, 정쟁과 비방에 매몰되어 있는 정치가 아니다. 사양하고 배려하는 품위 있는 정치를 갈망하고 있는 것이다.

스스로 운명을 개척해나간 사람들에겐 공통점이 있다. 위기의 시대에 리더가 되는 사람들의 공통점, 바로 간절함이다. 더 간절한 사람이 결국 일을 해낸다. 박근혜와 안철수, 누가 더 간절할까. 유권자들도 간절한 마음으로 고민해야 할 것이다.

근혜철수된

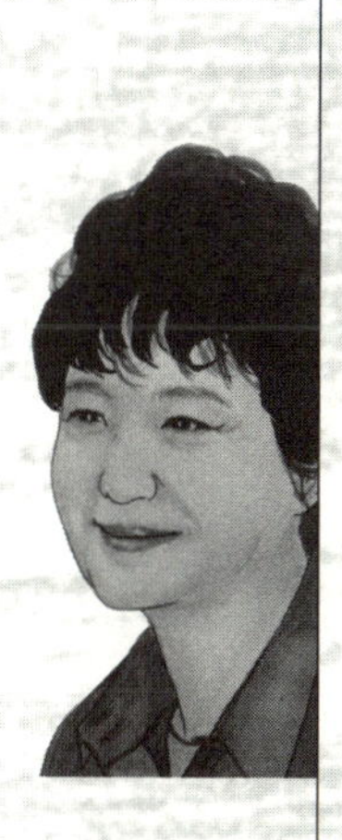

3막 정치다음에 대하여

반듯한 정치란 무엇인가.
크게 두 가지로 정리할 수 있다.
하나는 정치 체제의 구성원들이 각자의
지위에 맞는 역할을 제대로 수행함이다.
정치적 리더는 정치적 리더답게,
관리는 관리답게, 아버지는 아버지답게
그리고 자녀는 자녀답게 제 위치에서
제 역할을 다하는 것이다.
또 하나는 일상적인 삶을 살아갈
기본 환경을 마련해주는 것이다.
사람이 사람답게 살 수 있는
상식적인 공간을 만드는 것이
정치의 가장 기본적인 작업이다.

06

정책이 사라진 정치, 정치가 소멸된 나라

삼년유성三年有成. 3년이면 보란 듯이 뭔가 해낼 수 있다는 뜻이다. 공자는 말했다. "누군가 나를 등용해서 정치를 맡겨준다면, 1년이면 충분히 해낼 수 있고 3년이면 크게 이룰 수 있을 것이다." 대한민국 대통령의 임기는 5년. 공자의 표현을 빌리자면 오년유성이다. 뭐든 작정하고 크게 이룰 수 있는 기간. 뜻과 역량만 닿는다면 세상도 바꿀 수 있는 시간. 하지만 시대적 과제가 만만치 않다. 어지간한 의지와 능력으로는 어림도 없다.

"'선인善人이 100년 정도 나라를 다스려야 잔악함을 이기고 살육을 없앨 수 있다'는 말이 있는데, 정말 맞는 말이다. 설령 왕자王者가 나타난다 해도 반드시 한 세대는 지나야 인仁을 이룰 수 있을 것이다." 성인 군주의 상징으로 추앙받는 요순임금 같은 리더가 나서더라도 당대의 망가진 정치를 바로잡기가 쉽지 않으리라는 공자의 이야기. 적어도 30년, 길게 100년은 손을 봐야 바른 정치가 가능하리라는 진단이다. 그러니 문제다. 오늘날 대한민국의 정치 현실은 공자 시대보다 훨씬 심각하고 복잡하니 말이다.

"우리는 지금 중요한 기로에 서 있습니다. 세계적으로 경기는 침체되고, 분열과 갈등은 커지고 있습니다. '원칙을 잃은 자본주의'가 중대한 도전에 직면해 있습니다."

"사회구조적 모순들이 누적된 데다 세계 경제의 여건마저 나빠지고 있기 때문에, 앞으로 어떤 정부가 들어서도 어려움이 클 거라고 생각합니다. 사회 전반적으로 다양한 종류의 분노와 갈망이 동시다발적으로 표출될 가능성이 큰 것 같습니다."

전자는 박근혜의 대선후보 수락 연설 첫 마디고, 후자

는 《안철수의 생각》의 한 대목이다. 박근혜와 안철수 둘 다 우리 사회가 안고 있는 문제의 엄중함을 제대로 파악하고 있다. 우리 사회의 갈등과 분열 그리고 불안감에 대해, 그 근본 원인이 정치에 있다는 데도 견해가 일치한다.

민의를 무시한 채 분열과 증오를 조장하기만 하는 정치에 절망한 국민의 기대에 부응하기 위해, 정치 쇄신을 요구하는 시대의 숙제를 해나가기 위해 대선에 나선다. 이것이 안철수 출사표의 시작이다. 국가는 발전하고 경제는 성장하는데 개인의 삶은 나아지지 않으니, 이 현실을 근본적으로 바꾸려면 민생과 무관한 정쟁에 몰두하는 정치의 기본 틀을 바꿔야 한다. 이것이 박근혜 출사표의 시작이다. 두 사람이 시대적 과제로 규정하는 공통분모는 바로 정치 쇄신이다. 한계점에 와 있는 정치 불신, 어쩌다 이 지경이 되었을까. 도대체 무엇이 잘못된 것일까. 장차 3년이면, 아니 5년이면 크게 변화할 수 있을까.

안철수는 '국민 생활을 외면하는 기존 정치에 절망한 민심이 자신을 불러냈다'고 말한다. 정치 쇄신에 대한 국민적 열망이 '안철수 현상'으로 나타난 것이라고도 한다.

그는 국민들이 느끼는 갑갑함을 한마디로 '구체제에 대한 불만'이라고 정리한다. 구체적인 내용은 두 가지다. 하나는 국민의 생각을 받들지 못하는 정당이고, 다른 하나는 사회 갈등을 해소하는 게 아니라 오히려 증폭시키는 정치 시스템이다.

한편 그런 현상이 생겨난 배경에 대해서는 압축적인 산업화와 민주화 과정에서 미처 새로운 가치를 창조해내지 못한 탓이라고 분석한다. 우리 사회가 인권이나 민주화를 무시했던 산업화 논리에서 아직 벗어나지 못하고 있으며, 더불어 산업화 논리를 부정했던 민주화 논리에서 아직 벗어나지 못하고 있다는 진단. 바로 그게 구체제 사고라고 그는 말한다. 그리고 자신은 낡은 구체제와 결별하려는 시대적 과제를 해결하기 위해 소통과 합의를 중시하겠다고 선언한다.

안철수는 정치사상가 프랜시스 후쿠야마가 말한 민주주의의 본질을 인용하며 변화의 큰 방향을 제시한다. "민주주의란 다수가 마음대로 하는 것이 아니라, 많은 사람의 지지를 받아서 뽑힌 권력 역시 견제 받고 균형을 유지할 수 있도록 스스로 시스템을 만들어가는 것이다."

제왕적 대통령제같이 과도한 권한 집중을 견제할 시스템의 필요성을 강조한 안철수는 미국의 종신제 대법관을 예로 든다. 독립성을 가진 기관이 선출직 공직을 견제하는 시스템을 말한 것이다. 기왕의 우리 국무총리 제도도 입법 취지를 잘 살리면 분권이 가능하다고도 한다. 또 유능한 인재를 정파와 관계없이 기용하는 문화에 대해, 정치적 대타협을 통한 개혁에 대해 이야기한다. 이상의 시대적 과제를 근본주의적 접근 없이는 해결할 수 없다고 말한다.

사실 과거에도 안철수와 같은 제3의 후보가 등장해서 '기존의 정당과 정치를 개혁하겠다'는 출사표를 밝히곤 했다. 하지만 지금까지 그 누구도 성공하지 못했다. 이른바 '1987년 체제' 이후 지금까지 다섯 번의 선거를 통해 보수와 진보가 번갈아가며 집권하는 동안, 정치적 시행착오는 늘 거듭되었고 제3후보의 소리는 점점 더 작아졌다. 이제는 그 한계점에 도달했다. 제3후보들이 외쳐대던 정치 변화에 대한 국민의 염원이, 그간의 정부가 실천해내지 못한 정치 쇄신에 대한 국민의 실망과 분노가 폭발하기 직전이다. 국민의 뜻을 제대로 반영하지 못하는 대의적 의회민주주의에 한계를 느낀 대중 민주주의가 이제 운동 차원으로 분출되고 있는 상황이다.

안철수 지지자들은 지금을 동학혁명과 4·19 의거 그리고 6월 항쟁에 버금가는 상황으로 규정하고 있다. 당사자인 안철수 역시, 그런 표현에 동조한 바는 없지만, 상황을 엄중하게 인식하는 것으로 알려졌다. 그런데 그가 즐겨 이야기하는 '소통'으로 과연 폭발 직전의 분노를 풀어줄 만큼 엄청난 개혁이 가능할까.

안철수의 출현 자체가, 그의 출마 자체가 정계 개편과 정치 쇄신을 예고하는 것은 맞다. 안철수 자체가 바로 정치 쇄신의 아이콘이다. '민주주의는 민심을 모으는 과정'이다. 그 과정에서 가장 중요한 것은 진심이고, 그 진심을 바탕으로 소통하다 보면 리더십은 자연스럽게 주어지기 마련이다. 산업화와 민주화를 거치며 대한민국은 준수한 하드웨어를 갖췄다. 문제는 그 번듯한 하드웨어에 걸맞은 운영 체제를 갖추지 못했다는 점이다. 바로 안철수가 새

로운 운영 체제다. 낡은 구체제를 대체할 신체제다. 이상
이 안철수와 그 지지자들의 주장이다.

박근혜는 산업화 시대의 5년 정치 경험과 민주화 시대의
15년 정치 경력을 갖고 있다. 그 자신의 용어로 하면 삶
자체가 대한민국 현대사다. (안철수의 용어를 빌리면 '낡은 체
제의 대표'다.) 박근혜 역시 정치 개혁과 쇄신의 필요성을
깊이 인식하고 있고, 실천 중에 있다. 2012년 4월 12일,
19대 총선에서 과반수 의석을 획득한 뒤 〈국민과의 약속,
반드시 실천하겠습니다〉라는 연설을 통해 그는 말했다.
"국민의 뜻을 거슬러 민생과 관련 없는 갈등과 분열, 정치
투쟁을 한다면 국민의 심판을 받을 것입니다."
　이후 대선 후보가 되어서는 두 트랙의 캠프를 꾸렸다.
하나는 국민행복추진위원회고 다른 하나는 정치 개혁 작
업을 담당할 정치쇄신특별위원회다. 정치쇄신위원회의
좌장으로는 대법관 출신 안대희를 모셔왔다. 안대희는 대
법관에서 물러난 지 얼마 되지도 않아 정치권에 들어왔다
며 비판을 받기도 했다. 그러나 강직한 임무 지향적 일꾼

이란 데는 이견이 없는 인물이다. 친소 관계로 따지면 구한나라당보다 오히려 민주당과 더 인연이 있을 수 있지만, 여야를 넘어 정치 쇄신이란 작업에만 몰두하겠다는 게 그의 소신이다.

정치쇄신위원회는 '한국 정치의 전근대적 요소를 뿌리 뽑겠다'며 무엇보다 먼저 권력형 비리에 대한 처벌 강화 법안을 마련했다. 측근이나 실세라는 말이 아예 나오지 않도록 무관용의 원칙으로 비리 연루자들은 영원히 정계와 공직 사회에서 격리시키고 사면권도 제한하는 방안들이 제안되었다. 대통령 친인척과 측근 비리를 예방하기 위한 특별감찰관제도를 도입, 독립성을 부여하겠다고 했다. 이를테면 감찰관은 대통령이 아닌 국회가 추천하고 임기도 보장하는 것 등이다.

여기서 중요한 문제가 두 가지 있다. 하나는 제도 마련도 중요하지만 정치문화도 함께 바뀌어야 가능하다는 점이다. 또 하나는 대증적 요법이 아닌, 권력 집중을 막는 근본적인 방안이 나와야 한다는 점이다. 권력 구조 개편을 위한 개헌, (국회에서는 의원 자신들의 이해관계 때문에 어떻게 할 수 없는) 선거구 제도의 개편까지를 포함해서 보다 폭넓은 개선이 있어야 한다.

정치에 입문하면서부터 박근혜는 정당 개혁과 정당 민주화를 줄기차게 주장했다. 한나라당 대표를 맡고는 천막당사 시절을 거치며 부패와의 절연을 실천해갔다. 17대 총선에는 당을 기사회생시킨 후 평소의 포부대로 정책 정당, 원내 정당, 디지털 정당이라는 세 가지 목표를 하나하나 실천해갔다. 그는 의원총회가 자유로운 토론장이 되도록 만든 것을 자랑스럽게 생각한다. 사학법 장외투쟁 말고는 원내 정당에 충실하려 한 것도 의미 있는 업적으로 여기고 있다.

19대 총선을 앞두고 박근혜는 다시 한 번 정당 개혁을 지휘했다. 이번에는 아예 비상대책위원회를 만들어 외부에서 충격을 주었다. 그 변화 노력을 유권자들은 긍정적으로 평가했다. 그 결과, 단일화에 성공한 진보 진영에 '적어도 의석수로는' 완승을 거두었다. 정치 쇄신에 있어서 박근혜와 새누리당은, 오히려 통합과 단일화에 매몰되어 자기 개혁에 실패한 민주당이나 진보당보다 더 높은 평가를 받을 만하다.

그러나 정치 변화를 바라는 국민의 갈증은 여전하다. 박근혜가 아무리 진두지휘를 해서 모양을 만들어놓아도 측근의 비리는 그치지 않고 있다. 정쟁 또한 여전하다. 무능한 정치인과 미덥지 않은 정치에 대한 불신과 불만이 갈수록 더해가는 상황. 그 절망감은 정치 혐오와 냉소로도 나타나고 분노로도 표현된다. 허무주의로 흘러 현실 정치를 외면하거나 무관심에 빠지기도 한다. 매욕하고 돌을 던지거나 또는 적극적으로 시위와 운동에 참여하기도 한다. 안으로는 불안하고 밖으로는 불만스럽다. 일촉즉발, 폭풍전야고 폭발 직전이다.

공자의 시대는 어떠했던가. 마냥 순박하고 착하기만 했을 것 같은, 요즘 일상이 되어버린 엽기적인 사건은 아예 존재하지도 않았을 것 같은 그 고전의 시대는, 그러나 질서와 인륜이 마구 무너지던 난세였다. 임금이 하극상으로 시해되고 자식이 부모를 해하는 살벌한 시대였다. 난세의 대명사, 바로 춘추전국 시대였다. 말이라도 잘하거나 미모라도 있어야 먹고사는 천박한 세월이었다. 공자는 "(말 재주로는 당대 최고였던) 축타와 같은 언변과 (당대 최고의 미남자였던) 송조와 같은 미모가 아니라면 요즘 같은 세상에서는 화를 피하기 어려울 것"이라며 시대의 천박함과 얄팍함에 치를 떨고 한탄했다. 한마디로 불안정한, 변혁이 필요한 시대였다. 하여 공자는 누구보다도 엄중하게 고민했다. 난亂을 떨치고 질서와 품격을 회복하려는 고민이었다. 깊은 고민 끝에 그가 제시한 방책은 정명正名이었다. '세상을 바로잡으려면 무엇보다 명분을 바로 세워야 한다'는 뜻이다. 정치란 반듯하게 바로잡는 것이다. '정자정야政者正也'가 바로 그 말이다.

반듯한 정치란 무엇인가. 크게 두 가지로 정리할 수 있다.

하나는 정치 체제의 구성원들이 각자의 지위에 맞는 역할을 제대로 수행함이다. 정치적 리더는 정치적 리더답게, 관리는 관리답게, 아버지는 아버지답게 그리고 자녀는 자녀답게 제 위치에서 제 역할을 다하는 것이다. 《논어》의 '군군신신부부자자君君臣臣父父子子'가 그 말이다. 누구든 지위와 역할 관계에 충실하자는, 아주 간단한 이치다.

또 하나는 일상적인 삶을 살아갈 기본 환경을 마련해주는 것이다. 사람이 사람답게 살 수 있는 상식적인 공간을 만드는 것이 정치의 가장 기본적인 작업이라는 이야기다. 정치란 무엇인가 하는 질문에 공자는 이렇게 답했다. "백성들을 잘 먹이고, 국방을 튼튼히 하고, 정부가 하는 일을 백성들이 믿도록 하는 것이다." 먹고사는 문제와 국방, 그리고 신뢰. 세 가지 작업 중 우선순위는 물론 먹고사는 문제다. 그러나 중요도를 보면 신뢰가 가장 먼저다. '사람은 누구나 죽게 마련이다. 하지만 정부에 대한 믿음이 없으면 정치는 제대로 서지 못하기' 때문이다.

우리 국민들이 현재의 정치에 절망하는 가장 큰 이유도 바로 신뢰에 있다. 북한의 위협이 있다지만 우리는 안보에 불안을 느끼며 살지 않는다. 국민소득 수준이 2만 달러를 넘었다. 비만과 다이어트 그리고 성형과 명품이 사회적인 화두다. 대한민국의 하드웨어는 나쁘지 않다. 외양은 풍요롭고 번듯하다. 그럼에도 사회 내부에는 불만과 불안이 가득 차 있다. 신뢰가 부족하기 때문이다. 신뢰 부족의 주범은 바로 정치다.

2005년에 개봉되어 800만 관객이 웃으며 즐겼던 영화 〈웰컴 투 동막골〉. 이 작품은 원시 형태의 정치를 보여주는 기막힌 교과서다. 처음엔 어이없는 모습들에 실소를 금치 못하다가 차츰 고개를 끄덕이고 결국은 아! 하며 무릎을 치게 된다. 태백산맥 깊은 곳에 위치한 오지마을, 아이처럼 막 살라는 뜻으로 이름 지었다는 동막골은 순수한 형태의 정치 현장이다. 인민군과 국군, 연합군의 미군 조종사가 나타나기 전만 해도 세상에 전쟁이 났는지조차 모르고 살던 산골 마을이었다. 해 뜨면 들에 나가고 해 지면 사랑에 모여 노는 자연 생활 그 자체의 공동체였다. 원래 정치란 그렇게 수수한 것이다. 영화에서처럼 감자와 옥수수를 기분 좋게 서로 나눠먹고 끝나면 그만이다. 그렇게 끝날 수 있다면 그게 바로 이상 정치다.

그런데 여기서 그 영화의 압권 한 대목이 나온다. 감자와 옥수수를 넣어둔 마을 식량 창고에 실수로 수류탄이 터져 다 타버리는데, 이를 팝콘이 튀는 것으로 묘사한 장면이다. 탁월한 유머이고 지독한 페이소스다. 그 사건 이후 적대적이던 국군과 인민군, 미군이 협력하여 산돼지를 포획하고 잔치를 벌인다. 순박한 마을 인정이 각박한 군인들의 마음을 풀어준다.

영화에서 인민군 장교가 촌장에게 심각하게 묻는다. 어떻게 마을을 이처럼 근사하게 이끌어나가는지를. 인자하고 단단하게 생긴 촌장의 답은 간단하다. "잘 먹이는 것이지요." 그게 정치의 시작이고 만고의 진리다.

문제는 우아하게 나눠 먹던 것을 누군가 더 가지겠다고 나서는 데서 생겨난다. 한 사람은 자기 몸집이 더 크니 더 갖겠다고 하고, 다른 사람은 딸린 가족이 많으니 더 가지겠다고 한다. 그러다 쉬 결론이 나지 않자 평소 존경하는 동네 어른에게 가서 해결을 부탁한다. 말하자면 어른의 권위에 의탁하는 것이다. 이때 동네 어른이 모두가 수용할 만한 안을 내고 모두가 이에 따른다면 그것으로 다행이다. 우아한 권위의 정치다.

하지만 문제는 여기서 심각해진다. 어른의 권위 있는 분배 결정에 누구도 만족하지 못하고, 심지어는 그 어른까지도 부탁의 대가를 요구하는 일이 생긴다. 이게 현실

정치의 모습이다. 이상 정치의 담백함과 순수함이 언제까
지나 유지되지 못하는 이유는 무엇인가. 사람은 욕심 많
은 존재이기 때문이다. 욕심 욕欲의 한자를 뜯어보면 재미
있다. 계곡 곡谷 자와 하품 흠欠 자를 더해 만든 글자. 계곡
은 산의 비어 있는 곳이고 하품은 목구멍이 비는 순간이
다. 비어 있는 게 두 개다. 비고 또 비었으니 아쉽고 갈증
이 난다. 채워야만 한다. 욕심과 욕망, 그 빈 것을 채우고
자 갈등하고 다툼하는 것이다.

　이렇듯 정치는 기본적으로 욕심 많은 존재들 사이의
의견 불일치와 관련 깊다. 설령 모두가 공평하게 나눠 먹
고도 남을 파라다이스라고 해도 욕심으로 인한 다툼은
여전할 것이다. 하물며 현실적으로 모두가 나누기에 턱
없이 부족한 상황이라면 더욱이 다툼을 면할 길이 없다.
결국 정치란 제한된 자원을 어떻게 나눠 먹을지 결정하
는 과정이다. 다툼과 갈등의 규칙을 정하고, 일방적인 승
자독식이 되지 않도록 하고, 패자에게도 패자부활전의
기회를 마련해주며, 그럼에도 결국 소외되는 사람은 전
체가 조금씩 나누어 배려하는 기준을 만드는 것. 바로 이

것이 정치다.

우리 사회에 팽배한 불만은 바로 이 과정을 신뢰하지 못하는 데서 시작한다. 분배의 기준에 대한 적절한 공감대를 만들지 못했기 때문이다. 그 작업을 주도했어야 할 정치가 의견의 불일치를 해소하고 중재하는 대신 오히려 부추겨온 탓이다. 정치인들이 갈등과 분열의 장본인이었다. 정당이 그 본산이었다.

이런 현실에 불만을 느낀 국민들은 2011년 가을, 서울시장 보궐선거를 전후해 기왕의 '정당 대 정당'의 대결 구도를 '정치권 대 시민사회'의 구도로 바꾸기 시작했다. 2012년 4·11 총선에서 정당들이 그런 구조적 변화나 새로운 정치에 대한 기대를 수용했더라면 무당파가 증가하지 않았을 것이다. 안철수 현상도 수그러들었을 것이다.

하지만 당시 모든 정당들은 당내 패권주의에만 매몰되어 편싸움에 몰두하는 구태를 재현했다. 자기편을 더 많이 확보하고자 여야 할 것 없이 중도로 모여들었다. 그 바람에 정책적 차이도 실종되었다. 이른바 중도 수렴 현상. 야당이 여당을 따라하고 여당이 야당을 흉내 내는 현상이 이어지며 정책의 차별이 사라진 것이다. 정책선거로서의 대선은 이제 물 건너갔다. 대운하나 행정수도 이전 같은 대형 이슈도 없다. 정책 이니셔티브를 쥘 만큼 폭발력 있는 정책을 어느 쪽도 가지고 있지 않다. 이제 남은 것은 인물 대결뿐이다.

안철수는 공인의 자리에 오르는 데
적합한 품성과 자세를 갖추고 있다.
모범적이고 상식적이며 정상적이다.
더불어 타인의 아픔을 공감하는 능력과
마음을 가졌다. 하지만 정치 지도자는
거기 머물러서는 안 된다.
그 이상이어야 한다.
정치는 상상력의 산물이다.
과연 그가 상상력을 동원하고
깊은 고민을 기울여 온 국민이 대망하는
'정치다움'을 선사해줄 수 있을까?
정치의 기본인 '먹여주고 지켜주고
믿음 주는' 역할을 제대로 할 수 있을까?

07

거리의 힘, 새로운 인물 안철수

안철수의 경쟁력은 바로 이 지점, 새로운 인물을 원하는 국민들의 염원에서 나왔다. 그가 얼마나 단단한 '지도자다움'을 갖추었는지는 아직 확인되지 않았다. 하지만 국민들은 그의 '사람다움'에 기대를 갖고 있다. 일찍이 정치권에선 보지 못한, '참신하고 신선한 지도자'의 모습 말이다. 그런 의미에서 풍부한 정치 경력을 가진 박근혜는 오히려 수세적일 수밖에 없다. 반면에 기왕의 정치 경험을 낡은 가치로 규정하고 나선 안철수가 보다 공세적인 모습을 보이는 입장이다.

안철수는 공직·정당 경험이 없다. 오히려 반정치적 성향까지 있다. '정치란 무엇인가'를 오랫동안 고민해온 경력도 없다. 안철수는 한국 정치의 '벼락'이다. 그 벼락이 떨어지게 된 배경에는 기성 정치와 정당에 식상하고 분노한 대중의 반감이 있다. 미래를 누구보다도 불안하게 생각하는 20~30세대와, 가장 현실적이고 구체적인 불안감을 느끼는 40대의 무당파들이 지금 안철수를 지지하고 있다. 다운계약서 같은 작은 실수에도 그에 대한 지지는 수그러들지 않았다. 그런 지지자들에게 안철수가 보여줄 수 있는 '정치다움'은 무엇일까.

한국 정치의 고질병이자 국민들이 가장 불만스러워하는 문제는 권력 측근의 부패와 비리다. 정권 말기만 되면 무더기로 드러나는 이 딱한 문제는 (사람의 문제와 제도의 문제가 다 있겠지만) '대통령 되기까지 신세 진 많은 사람들에게 자리를 다 나눠주다 보니 적합하지 않은 인재 등용이 되어서 생긴 일'이다. 결국은 특별히 신세 진 일이 없는 사람이 인사권자가 되어 '사적 인연이 아닌 능력에 따라' 인재를 등용해야 한다. 이야말로 안철수의 강점이다. 그리스 같은 남유럽 국가들이 고전하고 있는 것도 기득권층의 도덕적 해이와 사회 전반의 부패 때문이다. 우리도 선진 국에 안착하려면 필사적으로 공정성과 투명성을 높여야 한다. 10월 7일, 안철수는 서둘러 정책 방향을 발표하면 서 대통령이 임명하는 자리를 10퍼센트로 줄이겠다고 폭 탄선언을 했다. 그러나 지극히 선언적이고 추상적인 수준 이다. 그런 문제는 더 깊은 고민과 대안 모색이 필요하다. 쉽게 던지듯 할 이야기는 아니다.

안철수가 야권 후보 단일화의 조건으로 내건 '정치 쇄 신'이란 선결 조건도 구체적인 안은 아직 없다. 국민이 동 의할 정도의 정치 쇄신을 야권이 갑자기 해낼 수도 없는 일이다. 안철수 자신이 무슨 가이드라인을 제시한 것도 아니다. 자칫 딜레마에 빠질 수 있다. 정치적 레토릭이라 면 지나치게 노련한 것이고, 진심으로 정치 쇄신을 요구 하는 것이라면 지나치게 이상주의적이다.

"과도하게 근본적인 접근으로는 세상을 바꾸기 어렵다 고 생각합니다. 점진적인 변화가 세상을 바꿀 수 있다고 믿어요." 자신이 한 말처럼 점진주의 내지는 절충주의적 접근으로 문제를 해소하겠다는 뜻인데, 민주당에게 국민이 납득할 만한 쇄신의 모습을 고작 두 달 안에 보이라고 압박하는 것은 조금 심하다. 자신의 스타일에도 맞지 않는다.

안철수는 공인의 자리에 오르는 데 적합한 품성과 자세를 갖추고 있다. 모범적이고 상식적이며 정상적이다. 더불어 타인의 아픔을 공감하는 능력과 마음을 가졌다. 하지만 정치 지도자는 거기 머물러서는 안 된다. 그 이상이어야 한다. 정치는 상상력의 산물이다. 과연 그가 상상력을 동원하고 깊은 고민을 기울여 온 국민이 대망하는 '정치다움'을 선사해줄 수 있을까? 정치의 기본인 '먹여주고 지켜주고 믿음 주는' 역할을 제대로 할 수 있을까?

안철수가 '정치다움'을 위해 제시한 방책은 크게 세 가지다. 복지국가, 정의로운 국가, 평화통일. 이상은 공자가 제시한 족식足食(충분한 먹을거리)과 병兵(안보) 그리고 민신民信(백성들의 미더운 지지)의 다른 표현일 뿐 내용은 똑같다.

병兵은 국민의 안전을 지켜주는 일이다. 안으로는 치안

을 유지하고 밖으로는 외부 침략에서 지켜주는 것이다. 아무래도 북한 문제에 결부된 내용이다. 이에 대한 안철수의 시각은 분명하다. 일부에서는 그를 두고 외교 안보 분야에 경험이 없으니 특히 취약하리라는 평을 내리고 있다. 일부 보수 논객들은 《안철수의 생각》이 겨우 운동권적 인식 수준을 보여줄 뿐이라고 폄하하기도 한다. 그러나 북한과 통일을 보는 그의 시각은 매우 잘 정리되어 있다.

정의와 복지를 위해서는 평화가 기본 조건이다. 평화를 위한 궁극적인 해결책은 통일이며, 통일은 사건이 아닌 과정으로 봐야 한다. 김대중과 노무현 정부의 햇볕정책은 긴장 완화의 성과는 있었지만 퍼주기 논란과 투명성 부족이라는 아쉬움이 있었다. 이명박 정부는 북한 붕괴를 속단한 나머지 채찍 위주의 강경책으로 일관하여 남북 갈등이 심화되었다.

안철수는 역대 정부의 경험을 토대로 유연한 대북 전략을 세울 것이다. 북한에서는 '아랍의 봄' 같은 민중 봉기가 일어나기 어렵고, 더 고립시켜도 중국의 지원이 있으니 효과가 없다. 오히려 중국 의존도를 높여 통일이 더 어렵게 될 뿐이다. 통일은 어느 날 갑자기 닥치는 사건이 아니다. 꾸준히 정교한 플랜을 갖고 만들어가야 할 과정이다. 통일을 하려면 북한 주민의 마음을 얻어야 한다. 링컨은 "배고픈 아이는 정치를 모른다"라고 했다. 모니터링을 강화한다는 전제로 식량과 의약품 같은 인도적 지원은 계속해야 한다.

이 같은 안철수의 대북 정책은 유연하고 인도주의적이며 유화적이다. 김대중과 노무현 정부가 시행했던 기조 위에 투명성을 강조하고 상호주의를 보강한다는, 이론의 여지가 없는 주장이다. 다만 북한이란 까다롭고 변덕스러운 상대를 얼마나 노련하게 관리할 수 있을지가 미지수다.

다음으로 민생 문제에 대한 안철수의 입장도 분명하다. 이른바 두 바퀴 경제다. 자전거의 두 바퀴처럼 성장과 복지는 같이 가야 한다는 것. 혁신 경제를 통해 새로운 시대의 새 일자리를 만드는 것이 한 축이며, 경제민주화와 복지를 통해 공정한 분배를 실천하는 것이 또 한 축이다. 성장과 분배의 선순환 경제다. 기업가로서 그리고 청년의 멘토로서 누구보다도 민생 문제만큼은 확실하게 파악하고 있다. 안철수는 2000년 이후 심각해지고 있는 우리 사회 '고용 없는 성장'의 원인을 세 가지로 정리했다.

첫째, 기업들의 위험 회피 경향이 강해져 비정규직을 크게 늘리는 등 고용을 낮게 유지하려 하기 때문이다.

둘째, 정보통신 등 기술의 발달이 노동절약적인 방향으로 진행되기 때문이다. 이를테면 현금인출기가 늘면서 은행의 창구 직원이 감소하는 것이 그 예다.

셋째, 세계화의 영향으로 자본시장뿐 아니라 노동시장도 개방되면서 저개발국가에서 노동자들이 유입, 국내 노동의 수요와 공급에 급격한 변화가 생겼기 때문이다.

고용이 늘지 않는 성장 문제를 해소하기 위한 방안으로 정치권과 기업 그리고 노동자들이 모두 참여하는 그랜드 라운드를 통해 일자리 늘리기에 큰 합의를 해야 한다. 이어 사회 안전망을 만들어 청년들이 도전적으로 창의적인 일에 몰두할 수 있도록 이끌어야 한다. 필요하다면 근로 시간을 단축하고 일자리를 나누는 방안도 필요하다.

여기서 한 가지, 벤처기업가로서의 경험에서 우러나온

각별한 정책 제안이 있다. 지식정보산업의 발전과 창업 활성화를 위해 '한두 번 실패하더라도 재기할 수 있는 사회적 토대를 마련해야 한다'는 것. 창의적인 사업이 설령 실패했다 하더라도 이는 한 개인의 실패로 끝나지 않고 사회적 자산이 된다. 그러므로 주거와 보육, 의료 등 사회적 안전망을 튼튼히 해서 기초적인 생계 걱정 없이 도전하고 재도전할 수 있도록 힘을 북돋아줘야 한다. 아이디어가 제품이 되기까지 겪은 실패 경험을 귀하게 대우하고 패자 부활의 기회를 주어야 한다.

그 밖에 몇 가지 정책을 제안하고 있는데, 눈에 띄게 획기적인 것은 없다. 안철수는 '미래 산업의 동력'이라는 표현과 '디지털 산업 그리고 혁신 경제'라는 표현을 즐겨 사용한다. 아직은 손에 잡히는 내용을 내보이지 않고 있다. 수평적 네트워크를 통한 전문가들의 연구와 융합 과정을 거쳐 11월 초에는 구체적인 방안을 발표하겠다고 한다.

그러나 하늘에서 뚝 떨어지듯 확실한 방책은 기대하기 어렵다. 세계적인 일자리 부족 현상, 특히 청년 실업률이 높은 상황에서 유독 한국에만 통할 기막힌 묘안이 존재할리 없으니 말이다. 그래서 더욱이 필요한 것이 유능하고 따뜻한 리더십이다.

'국민들의 신뢰를 얻는 문제'에 대해서는 상당한 준비를 하고 있다. 우리나라는 선진국에 비해 대부분의 범죄율이 낮은 편인데 유독 사기 범죄가 많다. 질병의 경우 선진국과 비슷한 수준이지만 유독 식중독이 많이 발생한다. 둘 다 자신의 이익을 위해 다른 사람을 희생시키는 악질적인 종류다. 물론 처벌이 약해서기도 하지만 기본적으로 사기와 식중독은 신뢰와 관련된 일이다. 이처럼 신뢰를 손상시키는 범죄에 대해서는 일벌백계 엄중한 처벌을 하자는 게 안철수의 의견이다.

안철수는 정치와 믿음의 관계에 대해 "적을 믿으면서 싸우는 것, 기본적인 믿음을 가지면서 대결하는 것이 정치다"라고 말했다. 과거의 적대적 프레임을 믿음의 정치로 대체할 필요가 있다. 정치에서 대립하는 세력 간의 싸움은 피할 수 없지만, 그럼에도 세 가지 관점은 중요하다. 무엇을 위해 싸우는가. 어떤 주제를 가지고 싸우는가. 싸움의 결과로 어떤 합의를 끌어내 사회를 발전시키는가.

이를 기준으로 정치권이 치열하게 싸우면 결과도 좋고 국민도 믿어주지 않을 수 없다. 그런 의미로 안철수는 대선 출마 선언 때부터 다른 후보들에게 제안했다. 경쟁의 결과를 승복하고 서로 협력하겠다는 선언을 국민 앞에서 하자고 말이다. 승자가 50퍼센트의 지지만으로 국정을 이끄는 불행을 미리 막아보자는 뜻이다. 이는 결국 성사되지 않았다. 추석 명절을 앞두고 후보 3자가 회동하는 모습을 보여 국민들께 명절 선물을 하자고 거듭 제안하기도 했다. 정치적인 술수로 보자면 대단한 선방이다. 가장 늦게 출사하면서도 순식간에 주도권을 쥐겠다는 의도. 삼국 정립의 구도에서 이슈 선점의 효과가 크다. 제안 받은 상대방들이 압박을 느끼게 만든다.

하지만 그의 제안은 정치적 고려보다 정치적 신인의 신선함으로 더욱 돋보인다. 화합과 소통을 강조해온 그의 이미지와도 잘 어울린다. 경쟁은 치열하게 하되 신사 숙녀답게 멋있는 대결을 해보자는 제안은 누구도 거부할 명분이 없다.

사실 정치권에서의 상호불신은 지지자들의 대립을 심

화시켜왔다. 국민들의 일상에서 영호남의 갈등은 거의 없다. 보수적 입장과 진보적 견해를 가진 친구와 동료들이 사석에서 열띤 토론을 벌이지만 그것으로 그만이다. 성향이 다르다고 우정이 깨지거나 어떤 문제가 생기지는 않는다. 다만 선거 때면 그 작은 불씨를 키우는 정치권 탓에 한 번씩 불이 붙는다. 정치권이야 전쟁 같은 선거를 치르기 위해 그런다지만, 거기 더해 염장을 지르는 지식인들이 있다. 얼치기 진보와 무식한 보수 지식인들이 핏대를 올리며 사태를 악화시킨다. 각박하고 비루하다. 한마디로 곡학아세다. 국민들은 지나고 나면 금방 후회하고 일상으로 돌아가지만 번번이 그런 선거 정서에 휘둘리곤 한다. 허망한 일이다.

이런 현상에 대해 안철수가 일침을 놓았다. "보수라는 것은 그 사회의 안정을 유지하는 세력이고, 진보는 새롭게 도전하고 발전하도록 이끄는 세력이죠. 양쪽이 소통하고 타협해야 사회가 안정을 유지하면서 동시에 도전과 발전의 기회도 가질 수 있는 것 아닙니까? 그런데 우리 사회는 상식과 비상식의 대립이 보수와 진보의 건전한 협력을 막고 있다고 생각해요.” 이 문제를 해소하려면 상식을 회복하고 합리적인 소통과 합의를 이뤄나가야 한다. 우리 정치 현실을 외면한 순진한 발상이 아니다. 낡은 틀을 깨고 상식적으로 나아가길 강조했을 뿐이다.

안철수의 모범적이며 원론적인 출사표를 보면 그의 바둑 실력에 얽힌 일화 한 토막이 떠오른다. 그의 기력은 아마추어 2급. 아마도 강 2급이 아닐까 싶다. 실전으로 익힌 급수가 아니라 바둑돌을 집기 전에 바둑 책을 50권이나 읽고 시작한 바둑이기 때문이다. 바둑 책은 한 권을 읽을 때마다 반 급수가 오른다고 할 정도로 유용한 스승이다. 하지만 대부분의 애기가들은 그저 바둑을 두는 재미에 책을 보는 대신 실전을 더 즐겨 한다. 그래서 30년을 두어도 5급이나 3급을 넘기 어렵다. 기초부터 착실하게 배운 안철수는 불과 1년 만에 2급이 되었다. 흔치 않은 케이스다. 이렇듯 안철수는 매사에 치밀하고 자기 완결적이다. 사전에 충분한 기초를 닦지 않으면 아예 나서지 않는 스타일이다.

그러나 뛰는 자 위에는 나는 자가 있다. 무언가를 잘 한다는 것Good at something에도 수준과 등급이 있다. 바둑도 마찬가지다. 정치는 더하다. 바둑의 경우 안철수는 아마추어 강자일 뿐이다. 세상에는 그보다 높은 강 1급들이 즐비하다. 어느 동네 어느 기원에 가도 어렵잖게 강 1급을 만날 수 있다. 하물며 프로페셔널의 세계로 가면 아예 비교가 안 된다. 강 1급 중에는 대회에 출전하여 아마 5단의 단증을 받은 고수들이 있다. 이들은 프로 선수와 보통 2점 접바둑을 둔다. 우리나라에는 현재 강 1급들이 접바둑을 두며 한 수 배우는 프로 바둑 기사가 200명이 넘는다. 그 중에는 세계적인 기록을 가진 조훈현 9단도 있다. 그는 9세에 입단하여 현재 1800승 이상을 기록하고 있다. 세계 최연소 입단에 최다승 기록을 보유한 60세 현역이다. 1500승을 기록한 기사도 둘이나 더 있다. 한국 내에서만 이루어진 것이 아니라 중국과 일본의 맹장들과 겨룬 결과다. 어린 천재 기사들까지는 굳이 말하지 않겠다. 바둑의 강호엔 숱한 천재들이 있고, 막강한 전투력의 전사들도 즐비하다.

안철수가 사전에 치밀하게 준비해서 짧은 기간에 상당

한 바둑 실력을 갖게 된 것은 대단한 일이다. 그의 지력과 집중력을 증명하는 좋은 예다. 하지만 그는 2급 수준이다. 그 위에는 숱한 1급들과 더 위의 기라성 같은 프로 고수들이 있다. 'Good at Baduk'이지만 절대 고수는 아니다. 정치의 영역으로 오면 문제는 더욱 심각해진다. 바둑과 정치는 모두 승부를 다투지만 정치는 훨씬 더 치명적이다. 신변잡기인 바둑을 위해서도 그 정도로 치밀한 사전 준비를 했을진대, 정치 쇄신을 열망하는 국민들의 지지를 받아 대통령이 되려면 얼마나 큰 준비가 필요하겠는가. 많은 책을 읽고, 많은 전문가를 만나고, 많은 유권자들을 만나고, 그리고 깊은 고민 끝에 시대의 숙제를 맡기로 작정을 했다는 안철수. 하지만 충분할까. 책 50권을 읽고 바둑 2급의 수준에 올랐듯, 그 이상의 정치력을 보여 'Good at Politics' 할 수 있을까. 그러기 위해서라면 아쉬운 대로 국회의원부터 시작하거나, 아니라면 서울 시장이라도 경험하는 것이 기본 아닐까.

안철수 출사표에 대한 평가는 《논어》의 한 구절로 결론 삼았으면 한다. "이른바 통달이란 사람됨이 정직하고 무슨 일이 생겼을 때 그 이치를 잘 따지는 것이다. 또한 다른 사람이 말하는 의도를 잘 파악하며 안색의 변화를 잘 헤아리는 것이다. 그리고 상대방을 배려하고 자신을 낮추는 것이다. 이렇게 하면 나라 일에도 통달할 수 있고 대부 가의 일에도 통달할 수 있을 것이다. 하지만 이름이 난다는 것은 겉으로는 인자한 것 같아도 실상은 그렇지 않으며, (그러면서도) 한 치의 의심도 없이 자신이 인자한 사람이라고 생각하고 사는 것이다. (그 겉모습만으로) 나라에서도 이름이 나고 대부 가에서도 이름이 날 것이다. (그러나 그 이름이란 거짓된 명성일 뿐이다)."

통달한다는 것과 이름만 나는 것은 엄연히 다르다. 안철수, 허명이 아니라 과연 명불허전이라는 흐뭇함을 줄 수 있는 사람이면 참 좋겠다. 국민들이 아무리 감성적이라 해도 고수와 하수를 구분 못하지는 않는다.

정치는 상상력의 산물이다.
또한 대통령선거는
미래를 두고 하는 경쟁이다.
그런데 박근혜가 지금 구상하고 있는
'정치다움'은 지극히 일상적이고 평범하다.
그가 밝힌 3대 핵심 과제인 일자리 창출과
경제민주화, 생애주기맞춤형 복지는
이미 식상한 메뉴다.
예의 과제를 제대로 수행해내기도 어렵지만,
설령 그럴 수 있다 해도 국민들의 갈증을
해소하기엔 부족하다.
과연 박근혜가 부족한 상상력을
용기로 만회할 수 있을까?

08

여의도의 힘, 준비된 인물 박근혜

박근혜의 경력과 이미지는 안정감이란 단어로 요약할 수 있다. 그는 자타가 인정하는 원칙과 신뢰의 정치인이다. 만일 대통령이 된다면 우리나라 최초의 여성 대통령이지만, 여성이라서 가능하거나 여성이라서 불리하지는 않을 터다. 박근혜는 스스로 여성성을 강조한 적이 없다. 국민들도 여성 정치인 박근혜가 아니라 정치인 박근혜로 그를 바라본다. 그만큼 강인하고 단단하고 분명한 이미지를 준다. 당내 경선 과정에서도 남자 후보들이 규정을 가지고 구질구질하게 이런저런 토를 달며 몽니를 부릴 때, 원칙대로 하자며 버티고 밀어붙였다. 열 남자 부럽지 않은 강단이다. 보통 든든한 남자를 태산 같다고 표현하는데, 박근혜는 남녀를 떠나 태산 같은 데가 있다.

박근혜는 깊은 내공을 지녔다. 인생으로나 정치 경력으로나 결코 평범하지 않은 경험을 했다. 권위주의 시대에 개발독재형 리더십을 보고 배운 것일 뿐이라고 폄하하는 사람들도 있다. 그러나 그가 경험했던 5년여의 퍼스트레이디 생활은 어느 누구와도 견줄 수 없는 독특하고 귀한 경력이다. 정치와 권력을 이해할 수 있는 기회였고, 국가와 국민을 생각하는 시간이었다.

거기에 더해 개인적으로 더없이 불행한 비극을 맛보았다. 어지간한 사람이라면 제정신을 유지하기도 힘든 비극을 두 번이나 맛보았다. 졸지에 어머니를 여의고는 "가슴에 커다란 구멍이 뚫린 것처럼 찬바람이 불었다. 밥을 먹어도 허기가 지고 잠을 자도 잔 것 같지 않았다. 한동안 산송장처럼 지냈다"라고 했다. 이어 아버지의 죽음을 맞고는 "누가 내 등 뒤에 비수를 꽂는다 해도 그때만큼 아프지는 않았을" 고통을 당했다. 그리고 인간적 배신과 절망을 겪었다. 하지만 그는 그 바닥에서 다시 일어났다. 박근혜의 내공은 그렇게 역경 속에서 다져졌다. 결코 온실에서 자란 화초 같은 정치인이 아니다. 정치의 비정과 권력의 비감을 깊이 느껴본 고수다.

〈강남스타일〉로 세계적인 슈퍼스타가 된 가수 싸이도 역경을 이기면서 쌓은 내공의 결과로 그 같은 성공을 이루었다. 독특한 개성과 열정, 넘치는 끼 덕분에 국내에서는 이미 성공의 반열에 올랐던 가수 싸이. 그가 세계의 주목을 받게 된 결정적인 배경은 어느 누구도 경험하기 힘든 두 번의 군대 경력이 아닐까 싶다.

〈힐링캠프〉라는 텔레비전 토크 프로그램에 출연한 싸이는 자신이 매우 단단한 내공을 지닌 성숙한 어른임을 자연스럽게 보여주었다. 웬만한 사람이라면 소집면제를 며칠 앞두고 재입대를 수용하지 않는다. 체면이나 명예보다도 일단은 며칠 피하고 보는 게 인지상정이다. 어쩔 수 없이 주어진 생활을 알차게 보내기도 어렵다. 남을 원망하거나 자책하며 시간을 허송하기가 보통이다. 하지만 그는 '싸이답게' 받아들였고, 가장 밑바닥의 지점에서 벌

떡 일어섰다. 원망의 대상이 될 뻔했던 군에서 보낸 시간
을 오히려 사랑하고 최대한 봉사하고 베풀었다. 그런 어
른스러움과 대견함이 싸이의 오늘이 있게 만든 원동력
아닐까.

박근혜 역시 절망의 바닥에서 일어선 사람이다. 영화인
들을 대상으로 '생애를 영화로 만들고 싶은 대선 주자가
누구냐'라는 흥미로운 설문 조사가 있었다. 여기서 박근
혜가 1위를 차지했다. 그의 비극적 개인사로 말미암아 가
장 드라마틱한 스토리가 가능하다는 판단이리라. 영화인
들이 소재로 탐내는 인생을 살아온 박근혜의 이즈음은 그
어느 때보다도 절실하고 간절하다. 사명감과 권력 의지가
대단하다. 국민이 원하는 정치를 꼭 해 보이고 싶은 강렬
한 의지. 오랫동안 준비해온 출사표를 실천해보고 싶은
것이다.

박근혜는 자신이 이미 준비된 후보임을 강조하고 있다.
안보와 외교 분야에서의 다양한 경험을 말하는 한편 경제
분야에서도 경제민주화 이슈를 선점했다. 정치 쇄신을 위
한 강한 의지도 보여주고 있다. 여기서 박근혜의 정책과

구상을 일일이 열거하고 분석하기는 힘들다. 대신 그가 꿈꾸는 '정치다움'을 평가하고 그만이 할 수 있는 '정치다움'을 살펴보자.

앞에서 언급했지만 리더십은 시대의 산물이다. 최상의 리더는 국민들이 원하는 리더다. 2012년 대선에서 국민들이 바라는 리더는 새로운 정치를 보여줄 수 있는 리더다. 현재 '후보 삼국지'의 세 후보 가운데 정치 경력이 가장 풍부한 사람이 박근혜다. 그렇다면 박근혜는 정치 신인 안철수를 따라 해서는 안 된다. 안철수의 출현으로 판세는 '구체제 대 신체제'로 짜여졌다.

예컨대 민주당 문재인 대 새누리당 박근혜의 구도라면 준비된 유능함이 장점이고 무기가 된다. 하지만 안철수 대 박근혜 구도라면 어쩔 수 없이 'The Old'와 'The Young'의 대결이다. 나이 먹은 쪽이 나이 젊은 쪽과 호흡 한답시고 머리 물들이고 청바지 입어봐야 통하지 않는다. 나이 먹은 쪽은 나이 젊은 쪽이 미처 갖지 못한 경륜과 통찰을 보여줘야 한다. 선거에서 이기기 위해서도 그렇지만 한국의 미래를 위해서도 박근혜는 사즉생死卽生의 자세로 어른답게 나서서 정면 돌파를 해야 한다. 젊은 사람들의 아픔에 공감하고 그들의 요구에 영합하려 애쓰기보다는 차라리 따끔하게 충고하는 게 낫다. 불평과 불만 가득 찬 국민들에게 아무튼 행복을 주고 꿈을 이루게 해주겠다며 아부하고 눈치를 살피기보다, 절제와 자기반성을 당당하게 말하는 게 더 필요하다. 그게 바로 그가 강조하는 애국의 모습이다.

하지만 야당은 그렇게 할 이유가 없다. 그렇게 해서도 안 된다. 정권을 교체하려면 집권당의 실책을 씹어 돌리듯 야무지게 물고 늘어져야 한다. 정치가 정치답지 못한 책임을 집권당에게 철저하게 묻고 따져야 한다. 미래의 가치를 표방하며 나선 안철수는 국민의 열망을 등에 업은 만큼 더욱 힘차게 정치 쇄신을 외쳐야 한다. 그것이 야권의 역할이다.

이런 상황에서 오직 박근혜만이 딴소리를 낼 수 있다. 박근혜는 '대통령이 되지 못해도 좋다'는 심정으로 정직하고 당당하게 자신의 목소리를 내야 한다. 위안과 소통을 말하고 오냐오냐 분노를 받아주는 것으로 그칠 수 있는 태평성대의 시절이 아니다. 정치가 모든 것을 다 해주 겠지 하고 있을 상황도 아니다. 정치가 문제긴 하지만, 정 권이 바뀐다고 금세 해소될 일이 아니다. 이런 현실을 분 명하게 이야기하고, 그럼에도 이 어려움을 해결해나가려 면 나를 따르라고 당당하게 나가야 한다. 그게 박근혜 표 '정치다움'이다.

앞에서 살펴보았듯이 박근혜는 '상상력은 부족하지만 규범과 원칙에 강한' 인물이다. 각지고 경직되어 있지만 반듯하고 단단한 명사형 인간이다. 그런 사람이 나이 예 순에 새삼스레 없던 상상력을 짜내려고 애쓸 필요는 없 다. 유연한 형용사형이 부럽다고 그 흉내를 낼 이유도 없 다. 자기 스타일을 견지하는 게 오히려 박근혜답다.

그런 의미에서 박근혜는 '위기에 처한 한국의 대중 민 주주의'에 대해 바른 소리를 해야 한다. '정치다움'을 바 라는 국민의 열망을 경청하되, 자기의 그림을 그리고 보 여주어야 한다. 이때 어떤 그림도 새롭게 그려갈 수 있는 안철수를 따라가서는 안 된다. 정치인 박근혜로서 꼭 할 말을, 꼭 보여줘야 할 그림을 선보여야 한다. 그렇게 하면

뜻한 바대로 보람도 생기고 큰 정치인으로서 존경도 받을 수 있다. 그러나 따라 하기만 한다면 미래 가치에 함몰되어 낡은 가치의 한 상징으로 전락하고 말 것이다.

현재 우리 국민들이 가장 심각하고 시급하게 느끼는 문제는 일자리를 포함한 민생 문제다. 비단 우리만의 문제가 아니다. 미국이나 유럽이나 중국 같은 신흥시장이나 어렵기는 다들 마찬가지다. 게다가 지금의 글로벌 불경기는 일시적인 경기 순환의 문제가 아니라 오래된 구조의 문제다. 그래서 쉬 해소되지 않는다. 5년 뒤에는 지금의 어려움이 태평성대고 요순 시대였다고 회고할 정도로 갈수록 상황은 악화될 것이다. 기나긴 경제적 겨울의 시작. 실업과 저성장이 일상화되는 고약한 불경기가 꽤 오래 지속될 것이다. IMF의 수석 이코노미스트 올리비아 블랑샤르는 글로벌 불황이 2018년까지 지속될 것이라고 예견했다. 그나마 그때 가서 조금이라도 나아진다면 큰 다행일 것이다.

글로벌 불황이 오래 지속되는 이유는 단순하고 명백하다. 거품이 심하게 생겼기 때문이다. 거품의 시작을 제2차

세계대전 이후라고 보면 60년이고, 미국이 금본위제도를 포기하고 달러본위로 전환하며 신용을 남발한 이후로 보면 40년, 자유경제 체제의 확산인 세계화 현상 이후로 보면 20년이 된다. 그 기간 동안 '성장은 지속된다'는 성장 신화가 일반화되고, 대중 민주주의는 그 신화를 더욱 강요해왔다. 어떤 정부든 (선거로 구성되는 정부라면) 성장률을 유지하지 못할 경우 유권자의 냉혹한 심판을 받았다. 그러니 빚인 채권을 발행해서라도 계속 성장 신화에 영합하며 경기를 부양해온 것이다. 문자 그대로 "무슨 일이 있어도 쇼는 계속되어야 한다Show must go on"의 상황이 지속돼왔다.

성장 신화와 대중 민주주의의 선동을 업고 정부는 정부대로 빚을 내고 가계는 가계대로 빚을 내어 소비를 해왔다. 내일을 가불해서 오늘 신나게 쓰며 살아온 것이다. 그걸 우아하게 신용 경제라 부르지만 실상은 가불 경제다. 탄탄한 실물은 없이 신용의 거품만 거듭 쌓여왔다.

이 과정에서 설상가상으로 염장을 지른 자들이 있다. 전문가들조차 잘 모를 정도로 고도의 기법을 동원해 신용을 확대해온 월스트리트의 금융인들이다. 하여 금융이 경제학이 아니라 수학의 영역이 되었다고 할 정도로 숫자 놀음이 되고 말았다.

여기 더해 세계 공장의 블랙홀이 되어버린 중국이 저가 생산품을 전 세계에 내다 팔면서 만들어진 글로벌 불균형도 거품을 확대하는 데 한몫했다. 버블은 자꾸 커져가고, 폭탄 돌리기를 하다가 드디어 터져버린 것이 2008년의 미국발 금융 위기다.

2012년, 세계는 이미 경제적 겨울에 접어들었다. 그 조짐이라고 할 수 있는 스산한 가을맞이가 2008년 미국 금융 위기였다. 갑자기 추워진 날씨에 대처하고 닥쳐올 긴 겨울을 준비하려면 가을에 착실하게 땔감을 모으고 육포라도 몇 조각 더 마련해두는 게 기본이다. 생활의 규모를 줄이고 덜 움직이며 견디는 시간을 감내해야 한다. 2008년 가을, 차가운 광풍이 불어 닥쳤을 때 고통스럽더라도 허리띠를 졸라매고 거품 빼는 작업을 했어야 했다.

하지만 대중 민주주의는 그 고통을 감내하지 않겠다고 아우성을 쳤다. 이를 이겨낼 양심과 당당함이 없는 정부는 달러를 마구 찍어 뿌렸다. 미국 연방은행 총재 벤 버냉키의 표현대로 "헬리콥터에서 달러를 쏟아 부은" 것이다. 그 결과 미국만은 다소 회복되는 듯 보였지만, 세계 기축통화인 달러를 찍어낼 수 있는 덕분이었다. 미국이라고 언제까지 마냥 실물 없이 신용만 만들어낼 수는 없다. 그나마도 2차에 걸친 양적 완화가 효과가 없어 3차 양적 완화 조치까지 실시하고 있는 현실이다. 그렇게 돈을 풀어 해소할 수 있는 성격의 문제가 아니라는 것이다.

돈을 마구 푼 결과 글로벌 인플레이션이 생겼다. 결국 구조가 취약한 남유럽부터 다음 차례의 문제가 발생했다. 금융 위기가 재정 위기에 이어 가계 위기로 확대되어가고 있다. 결국은 거품이 어느 정도 빠져야 해소될 것이다. 이 과정이 매우 고통스럽고 오래 가리라. 지금 유럽의 청년 실업률은 20퍼센트다. 미국의 실업률도 8퍼센트 아래로 내려가지 못하고 있다. 일자리는 없고, 경기는 더 침체되고, 어느 나라나 제 발등의 불을 끄느라 서로 밀어주고 끌어줄 형편이 못 된다. 춥고 배고픈 겨울일 수밖에 없다.

이런 상황에서는 달리 방법이 없다. 엎어진 김에 쉬어 간다고, 고통스럽더라도 교훈을 얻으면 된다. 소비지상이니 가불 경제니 신용 확대니 하는 지금까지의 패턴을 벗어나야 한다. 불편하더라도 좀 덜 먹고 덜 쓰며 탄탄하고 알뜰한 살림으로 가면 된다.

문제는 대중 민주주의가 이걸 감수할 수 있겠느냐 하는 점이다. 글로벌 경제 위기의 근본적 원인은 거품과 대중 민주주의다. 약한 리더십과 무능한 정부는 선거 때마다 표를 의식해 단기적인 처방만 내놓을 뿐이다. 국제적으로도 서로 눈치만 보며 판단과 실행을 미루고 있다.

2012년은 전 세계적으로 선거의 해다. 2008년 금융 위기의 진원지였던 미국도 마찬가지다. 거품이 빠질 동안 대중 민주주의의 선동을 자제하자는 용기 있는 지도자가 안 보인다. 우리의 대선도 그렇다. 후보자들의 공약을 보면 복지 확대와 대학 반값 등록금이 아예 의무 사항이다. 세계적으로 곳간이 비어가는데 우리만 무슨 특별한 재주가 있는 것인가. 도대체 무얼 갖고 '거저 해주겠다'는 것인가.

이런 상황에서 박근혜는 어른스러울 수 있어야 한다. 선동적인 대중 민주주의에 대해 바른 소리, 쓴소리를 할 수 있어야 한다. 고통을 분담하자고 국민들에게 솔직하게 호소해야 한다. 앞장서서 긴 겨울을 보낼 준비를 단단히 해나가야 한다. 겨울은 아무리 길어봤자 석 달이다. 한편, 아무리 짧다 해도 석 달은 버텨야 한다. 겨울은 움직임을 억제하고 기와 지혜를 모아 난관을 돌파할 방안을 모색하는 시간이다. 생애주기맞춤형 복지와 경제민주화, 다 좋은 말이다. 정치 쇄신안도 좋다. 이슈 선점도 좋다.

하지만 지금 그런 정책을 놓고 앞서거니 뒤서거니 누가 국민의 요구에 더 영합하느냐 경쟁할 상황이 아니다. 깊은 통찰을 갖고 배포 있게 상황을 헤쳐나갈 큰 지도자가 필요한 대목이다. 박근혜의 '정치다움'은 여기서 시작해야 한다. 자신의 강점인 안정감과 신뢰를 바탕으로 국민들에게 진정성 있게 호소해야 한다.

다행스럽게도 우리 국민들은 현명하다. 까다롭고 성마르지만, 시대정신을 잘 읽고 또 애국적이다. 한 조사에 의

하면 '유권자의 60퍼센트 이상이 향후 5년 동안 생활이 더 나아지지 않을 것'이라고 예상하고 있다. 특히 가장 현실적이고 가장 구체적으로 고민하는 생활인들인 40대의 75퍼센트가 '차기 정부 5년 동안 생활 향상을 기대하지 않는다'고 했다. 40대는 인구수로도 가장 많은 882만 명이다. 직장 불안, 교육비 부담, 집값 하락, 준비 없는 노후까지 가장 힘들고 불안한 세대다. 그래서 정치적으로 무당파 부동층이 많다. 하지만 가장 눈 밝은 세대기도 하다.

이렇게 현명한 유권자들에게 허망한 미래 약속을 할 것인가. 진실로 필요한 것은 '지금보다 더 혹독한 시절이 올 것'이라고 말하는 용기다. 겨울의 정치를 책임지겠다는 미더움이다. 겨울이면 겨울에 맞는 처방이 있어야 한다. 찬바람 부는 한겨울에 봄바람만 잔뜩 집어넣거나 지난 가을의 화려함을 되새김질하고 있어서는 안 된다. 박근혜가 과연 내공 있는 베테랑 정치인이라면 이 대목에서 어느 때보다도 정직해야 한다. 인기를 잃더라도 대중 민주주의에 영합하기보다 '나를 따르라'며 스스로를 던질 수 있어야 한다.

전국 각지 대학의 학생 100명이 '대통령의 자격'이라는 주제로 1박2일 워크숍을 가졌다. '대통령은 ○○이다'라는 명제에서 ○○에 들어갈 키워드를 100개 뽑은 뒤 투표를 통해 '톱 15'를 선정했는데, 그 내용이 흥미롭다. 1위는 '대통령은 (갑과 을의 계약 관계에서) 갑이 아니고 을이다'였다. 대통령을 5년 계약직 사원으로 보는 대학생들의 시각이 참신하다. 주목할 대목은 2위였다. '대통령은 쉼표를 찍을 줄 알아야 한다.' 정신없이 앞으로 달려가던 걸음을 잠시 멈추고 뒤를 돌아보기도 하고, 방향 설정도 다시 하는 여유를 가진 지도자가 필요하다는 인식이다. '쉼표를 찍어줄 줄 아는 대통령'을 바라는 대학생들의 의식이 대견스럽다.

정치는 상상력의 산물이다. 또한 대통령선거는 미래를 두고 하는 경쟁이다. 그런데 박근혜가 지금 구상하고 있는 '정치다움'은 지극히 일상적이고 평범하다. 그가 밝힌 3대 핵심 과제인 일자리 창출과 경제민주화, 생애주기맞춤형 복지는 이미 식상한 메뉴다. 예의 과제를 제대로 수행해내기도 어렵지만, 설령 그럴 수 있다 해도 국민들의 갈증을 해소하기엔 부족하다. 뭘 해봐야 신선하지 못하다. 안 되는 상상력으로 새로운 정책 메뉴를 추가해봐야 식상하기는 매한가지다. 차라리 용기라도 보여주는 게 낫다. 리더십의 본질은 자신감이다. 통찰과 용기는 오직 리더 자신만이 보여줄 수 있다. 과연 박근혜가 부족한 상상력을 용기로 만회할 수 있을까? 결단은 자신의 몫이다.

《논어》의 "기서호其恕乎"라는 말로 박근혜의 출사표를 정리하겠다. 기서호의 핵심어는 서恕, '입장 바꾸어 생각하기' 또는 '미루어 한 수 접어 생각한다'는 의미다. 서란 또한 "자기가 하고 싶지 않은 것은 남에게도 시키지 않는 것"이다. 그런 태도로 정치를 하면 나라에 원망이 없을 것이다.

박근혜는 과거사 문제로 곤욕을 치렀다. 박정희 시대를 평가하려면 아버지와 딸이라는 개인사의 굴레를 뛰어넘어야 하는데, 그게 쉽지 않다. 역사적 사실과 역사적 판단을 혼동하여 생긴 일이다. 결국 다수 국민의 눈높이에 맞추는 정치적 타협을 시도했지만, 그 과정에서 원망이 생

겼다. 박근혜의 '정치다움'에는 반드시 서의 마음이 있어
야 한다. 그래야 원망이 없는 '무원無怨'의 정치가 가능해
진다.

안철수는 '권력 의지' 라는 표현을 싫어한다.
그래서 굳이 공적 의지라는 표현을 사용한다.
그는 '사회의 공적인 이익을 위해
자신의 삶을 헌신하겠다' 는 공적 의지가
매우 강한 사람이다.
안철수는 막스 베버가 강조했던 책임윤리와
신념윤리를 말하며 자신의 출사를
'권력 의지가 아닌 소명 의식' 이라고 밝혔다.
박근혜는 권력 의지가 강하다.
박근혜는 사람을 움직이고 조직하는
권력의 법칙을 잘 이해하고 있다.
냉철하게 감정을 통제할 줄 안다.
목숨을 걸고 약속과 평판을 지켜 대중의
지지를 얻을 줄도 안다.
말이 아닌 행동으로 번번이 승리를
쟁취했기에 그 힘을 집중할 줄도 안다.
한마디로 권력의 고수다.
의지도 강하다.
하지만 정형화된 틀을 벗어나지 못하고 있다.

09

신구의 대결, 권력 의지와 소명 의식

이탈리아의 정치사상가 마키아벨리는 이런 이야기를 했다. "군주는 사자의 특성과 여우의 특성을 다 가져야 한다. 사자의 카리스마와 힘으로 상대를 제압해야 하고, 여우의 꾀로 곤경을 벗어나고 상대의 간계도 간파해야 한다." 또한 이런 이야기도 했다. "권력을 가진 군주는 선하지 않게 되는 법을 배워야 한다. 그 배운 바를 경우에 따라 이용하거나 이용하지 않으면 된다."

정치는 권력 현상이다. 어떤 정치나 사회도 권력 현상 없이는 존재할 수 없다. 리더가 역할과 책무를 다하려면 권력 행사가 필수적이다. 싫든 좋든 리더는 권력의 속성을 잘 이해하고 있어야 한다. 품위 있는 정치나 도덕적인 정치를 실현하는 데도 (우아하게 행사할 수만 있다면) 권력은 활용되어야 한다.

그러나 안철수는 '권력 의지'라는 표현을 싫어한다. 그래서 굳이 공적 의지라는 표현을 사용한다. 그는 '사회의 공적인 이익을 위해 자신의 삶을 헌신하겠다'는 공적 의지가 매우 강한 사람이다. 안철수는 막스 베버가 강조했던 책임윤리와 신념윤리를 말하며 자신의 출사를 '권력 의지가 아닌 소명 의식'이라고 밝혔다. 프롤로그에서 설명했듯 그의 소명 의식은 '양이득지(나서지 않고 사양하니 오히려 대우를 받는 것)'라는 평을 들어 마땅하다.

문제는 스스로 실천하려는 정치 쇄신과 정권 교체를 위해서, 안철수가 권력이라는 사회적 게임을 즐겨야 한다는 것이다. 권력 게임을 하는 데 있어 늘 솔직하고 거짓이 없는 사람은 하수다. 권력이란 결국 사람들을 나의 뜻대로 움직이게 하는 힘이다. 그런데 안철수는 소통과 진심만을 말하고 있다. 권력을 획득하고 관리하려면 정직 하나만으로는 부족하다. 자신의 의도를 숨기는 기술도 필요하고, 정직을 가장할 줄도 알아야 한다. 사람들은 흔히 진지함과 정직함을 혼동하니, 이를 이용해 진지한 척만 해야 할 경우도 있다.

안철수의 정치철학은 무엇인가? '선하려고만 애 쓰는 사람은 결국 선하지 않은 많은 사람들 틈에서 파멸하게 된다'는 일반론을 대체할 안철수의 철학은 무엇인지 궁금하다. 권력의 본질과 소통의 관계에 대한 안철수식 철학을 어서 확인할 수 있었으면 좋겠다.

이도살삼사二桃殺三士. '복숭아 두 개로 세 사람을 죽게 만들었다'는, 안자의 지혜를 보여주는 고사 성어다. 세 사람의 장수가 제각각 공을 내세워 임금과 조정을 위협하는 것을 보고, 안자는 완력과 무력이 아닌 꾀로 문제를 해결하려 했다. 그래서 안자는 임금에게 아뢰어 '세 사람을 불러 복숭아 두 개를 내놓고 공이 많은 순서대로 먹게' 했다. 성질 급한 두 사람이 하나씩 받아 맛있게 먹었다. 미처 먹지 못한 한 사람이 불만스러워하자 먼저 먹어버린 두 사람의 장수가 부끄럽고 미안하여 그 자리에서 칼로 자결했다. 그 모습을 본 나머지 한 장수도 친구들을 죽게 만든 부끄러움에 따라 죽었다. 의리와 부끄러움을 알던 옛날이야기지만 섬뜩하다. 안자는 상대의 약점을 이용하여 딱히 큰 힘을 쓰지도 않고 용사 셋을 제거해버렸다. 힘과 꾀의 무서움을 보여주는 일화다. 정치란 그런 기만까지도 대수롭지 않게 쓸 수 있는 권력 게임이다. 안철수가 그런 권력 게임을 무난히 즐길 수 있을까.

박근혜는 권력 의지가 강하다. 그는 '100퍼센트 대한민국'을 외치며 광폭 행보를 보이고 있다. 김대중의 사람들까지 영입하며 대통합을 강조한 것은 반드시 경쟁에서 이기겠다는 의지의 표현이다. 숙고 끝에 그는 '아버지의 무덤에 침을 뱉지는 않았지만', 역사 인식에 대한 자신의 입장을 바꾸었다. 이 역시 권력 의지의 한 표현이다. 대담하게 나가다가 실수를 저지르게 되면 더 대담하게 나가는 게 하나의 방법이다. 끝까지 버티고 모험을 시도해야 결과가 나온다. 지금껏 박근혜는 그렇게 해왔다. 고집과 불통이란 비판까지 감수하면서 대담하게 정면 승부를 해왔다. 그러던 박근혜가 실수를 인정하고 정치적 타협을 선택했다. 이는 권력에 대한 강렬한 의지가 아니고는 달리 해석되지 않는다.

물론 박근혜가 추구하는 권력은 전제적 성격의 권력(권력 획득과 행사 그 자체를 목적으로 하는 경우)이 아니다. 요즘 세상에 전제적 권력은 가능하지도 않다. 박근혜의 의지는 기능적 성격의 권력(정치권력 그 자체를 고유한 가치가 아니라 더 높은 목적을 달성하기 위한 도구로 여기는 것)이다. 박근혜는 자신이 구상하는 '정치다움'이라는 목적을 위해 권력을 획득하고 관리하려는 것이다.

문제는 그가 '권력을 나눌 줄 아느냐' 하는 점이다. 권력을 통제하는 최상의 방법은 수직·수평적으로 나눌 수 있는 만큼 모두 나누어 견제와 균형을 유지하는 것이다. 정치의 성패는 사람과 제도 두 가지 모두에 달려 있다. 반듯한 사람을 등용하여 권력을 나누어주고, 시스템이 일하게끔 더 정교하게 제도화를 실천해야 한다. 그러나 박근혜 스타일은 개방적이지도 분권적이지도 않다.

자신을 중심에 두고 방사형으로 일사분란하게 움직이는 것을 선호한다. 인재 풀은 좁고, 제도화에도 미숙하다. 당장 선거대책위원회에도 실권을 가진 좌장이 없다. 분야별 중간 보스들도 약하다. 모두가 박근혜만을 바라보고 있다.

박근혜는 사람을 움직이고 조직하는 권력의 법칙을 잘 이해하고 있다. 냉철하게 감정을 통제할 줄 안다. 목숨을 걸고 약속과 평판을 지켜 대중의 지지를 얻을 줄도 안다. 말이 아닌 행동으로 번번이 승리를 쟁취했기에 그 힘을 집중할 줄도 안다. 한마디로 권력의 고수다. 의지도 강하다. 하지만 정형화된 틀을 벗어나지 못하고 있다.

"궁하면 통하고, 통하면 변하며, 변하면 오래간다窮卽通 通卽變變卽久." 지금 박근혜에게 필요한 말이다. 모든 것은 변한다. 변해야 한다. 물처럼 유동적인 존재로, 비정형의 상태로 자신을 만들 수 있어야 한다. 그게 진정한 고수다. 권력을 얻으려면 권력에서 자유로워야 한다.

박근혜와 안철수의 '정치다움'은 이처럼 대조적이다. 안정감 있는 권력 의지와 참신성 있는 소명 의식의 대결.

안정감이 경직됨으로, 참신성이 미숙함으로 전락하지 않
기를 바랄 뿐이다.

근혜철수뎐

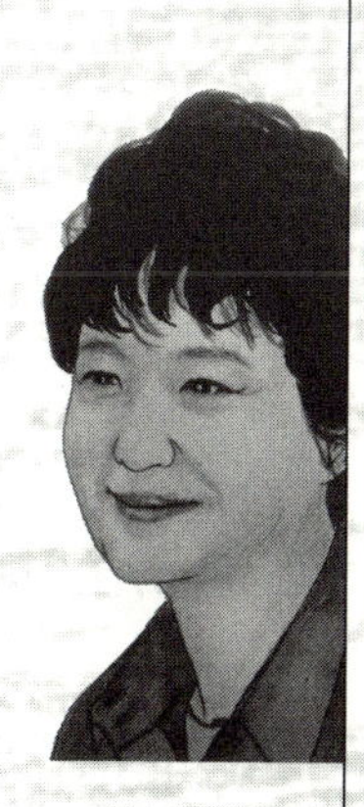

4막

세상다움에 대하여

국정 운영의 최고 목표는
의당 '국민 행복'이 되어야 한다.
물론 정치란 것이 세상만사 모든 문제를
해소해줄 수는 없다. 그러나 국가 최고
지도자가 되겠다는 대선 후보라면
'사람답게 사는 문제'와 더불어
'행복한 삶'에 대해 깊은 고민을 해야 한다.
이에 대해 그럴듯한 답을 내놔야 한다.
'세상다운 세상'에 대한 구상을 밝혀야 한다.
정치의 역할은 생생生生, '살아 있는 존재를
잘 살도록 만들어주는 것'이기 때문이다.

10

대한민국 행복지수, 이대로 좋은가

✤

"삶에서 가장 중요한 것은 인간관계다. 행복은 결국 사랑이다. 늘 즐겁고 유쾌한 마음으로 친구와 지내고, 일찍 집에 들어가 가족들 얼굴을 한 번 더 보는 게 바로 행복이다." 하버드 대학 성인발달연구팀이 하버드 대학교 학생 268명을 72년 동안 추적하며 연구한 결과다. 행복은 바로 일상에 있다는, 쉽지만 단단한 교훈이다.

"행복이란 얼마나 많은 것을 갖고 있느냐가 아닙니다. 지금 가진 것에 얼마나 만족하느냐가 행복의 열쇠입니다. 우리가 행복하다고 느끼는 것은 돈이나 건강이 아니라 이

웃과의 교류를 통해 평화로운 인간관계를 유지할 때입니다." 소득 수준 2,000달러의 빈국이지만 국민 90퍼센트 이상이 행복하다고 느끼며 살아가는 나라. 세계 1위의 행복지수를 보유한 부탄 왕국의 어느 관리가 한 말이다.

우리는 어떨까. 국민 52퍼센트만이 '삶이 행복하다'고 느끼며 살고 있다. 주요 32개국 가운데 국민행복지수가 31위다. 영국 신경제재단NEF이 매년 조사 발표하는 국가별 행복지수에서도 151개 나라 중 63위(2011년)를 기록했다. 우리는 왜 이렇게 불행할까. 부탄보다 훨씬 잘사는데, 행복지수 상위 10개국에 드는 웬만한 중남미 국가들보다 훨씬 안전하고 부유한데, 어째서 행복하지 않은 것일까.

이유는 많다. 내 탓도 있고 네 탓도 있다. 개개인의 성마른 마음 때문이기도 하다. 고생은 함께해도 누리는 것은 함께하기 힘든 사회 분위기 때문이기도 하다. 자족하는 삶의 태도가 부족하기 때문이기도 하다. 원만한 인간관계에 어려움이 많기 때문이기도 하다. 공생이란 가치보다 끝없는 경쟁이 지배하는 각박한 환경 탓이기도 하다. 그리하여 불행하게도 한국에 사는 사람들 50퍼센트가 늘

우울하고 불만스러우며 불행하다. 사람 사는 게 이래서는 안 되건만, '세상다움' 이 없는 세상이다. 뭐가 잘못되어도 크게 잘못되었다. 근본적인 치유책이 필요하다.

이쯤 되면 국정 운영의 최고 목표는 의당 '국민 행복' 이 되어야 한다. 물론 정치란 것이 세상만사 모든 문제를 해소해줄 수는 없다. 그러나 국가 최고 지도자가 되겠다는 대선 후보라면 '사람답게 사는 문제' 와 더불어 '행복한 삶' 에 대해 깊은 고민을 해야 한다. 이에 대해 그럴듯한 답을 내놔야 한다. '세상다운 세상' 에 대한 구상을 밝혀야 한다. 정치의 역할은 생생生生, '살아 있는 존재를 잘 살도록 만들어주는 것' 이기 때문이다.

박근혜의 대선 구호는 '국민행복 시대' 와 '내 꿈이 이루어지는 나라' 다. 홈페이지 제목도 '국민이 행복한 나라 박근혜' 고, 대선 캠프 이름도 '국민행복추진위원회' 다. 구호만큼은 위의 요구에 딱 떨어진다. 행복이 지천이다.

안철수의 대선 구호는 다소 추상적인데 '국민이 선택하는 새로운 변화가 시작됩니다' 이다. 출사표의 핵심은 정의와 복지 그리고 평화. "복지, 정의, 평화는 일자리를 만드는 정책이고 밥 먹여주는, 즉 국민을 행복하게 해줄 키워드"라고 그는 말했다. 역시 국민의 행복이 시대정신임을 강조했다. 그런데 일자리와 주거, 보육과 교육 문제만 해결되면 행복해질 수 있을까?

"한 많은 이 세상 냉정한 세상, 동정심 없어서 나는 못 살겠네." 민요 〈한오백년〉의 한 소절이다. 그렇다. 동정심이 없어 못살겠다고 한다. 먹을 게 없어서도 아니고 배움이 짧아서도 아니다. 연민이 없고 정이 없는 살벌한 세상이어서 행복하지 않은 것이다. 결국 세상이 변해야 한다. 유정有情한 세상이 되어야 한다. 품위 있는 정치가 앞장서서 유정한 천하를 만들어야 한다. '세상다움', 물질적 풍요와 가난한 심성 사이의 딜레마를 풀어줄 새로운 패러다임이 바로 이러하다.

"지금 우리의 심정과 상황을 가장 잘 나타내주는 수치가 자살률과 출산율 두 가지입니다." 안철수의 지적처럼 자살률은 우리가 살고 있는 환경이 얼마나 힘든지를 보여주

는 수치다. 한편 출산율은 미래에 대한 희망이 얼마나 큰
지를 보여주는 수치다. 자살률이 세계에서 가장 높고 출
산율이 가장 낮은 나라. 한마디로 지금은 불행하고 미래
는 희망이 없는 사회다. 이렇다 보니 우리 사회는 지금 지
나친 힐링(위로와 치유)이 유행이다. 누군가가 구해주기를
바라며 허우적거리는 집단 무기력 현상에 빠져 있다.

국민들은 그 해결책을 자꾸 밖에서만 찾으면 안 된다.
정치가 모든 것을 해주기를 기대하지 말자. 그랬다가는
결국 정치가 내 집 안방까지 들어온다. 결코 바람직하지
않은 일이다. 자신이 겪고 있는 굴욕과 좌절과 실패는 그
원인이 순전히 자기 자신에게 있다는 각성부터 하자. 그
게 일의 순서다. 그래야 주체적인 삶을 살 길이 열린다.
자신의 불행에 사회 탓만 해서는 해답이 없다.

물론 정치는 정치 나름대로 할 일이 있다. 먼저 정교한
접근이 필요하다.

자살률 문제부터 짚어보자. 2010년에 1만 5,566명이
자살했다. 하루에 42.6명, 인구 10만 명 가운데 31.2명이
스스로 목숨을 끊었다. (사람을 소수점 이하까지로 표시하는

것은 불경하지만 수치의 정확도를 위해서는 불가피하다.) 2위 헝가리(10만 명 당 23.3명)와 3위 일본(21.2명)과는 비교가 되지 않는다. OECD 평균보다 2.4배가 높다. 안타깝게도 8년 연속 1위를 기록하고 있다.

이 놀랍고 부끄럽고 섬뜩한 현상을, 이른바 '양극화 문제'나 '근로 스트레스' 또는 '학교 폭력'과 연관지어야 할 것인가? 세상일을 단순화하고 일반화하는 것만큼 어리석은 짓은 없다. 자살 통계를 상세히 들여다보면 두 가지 사실이 확인된다. 하나는 (10대부터 50대까지의 자살률은 OECD 나라들과 큰 차이가 없는데) 60대 이상 노년층 자살률이 평균치의 2배에서 4배까지로 급증한다는 것이다. 다른 하나는 자살률의 증가와 소득 수준이 오히려 반비례하고 있다는 것이다. 노인 자살이 많다는 사실, 경제 변수는 주요 요인이 아니라는 사실, 세계 최고 자살률이라는 숫자 이면의 불편한 진실이다.

지금 65세인 1948년생부터 83세인 1929년생까지의 어르신들은 오늘날 한국의 성취와 번영을 이루어낸 세대다. 한국의 압축적인 산업화 과정에 참여하여 혹독한 세월을 보낸 분들이다. 궁핍과 풍요를 두루 겪은 세대다. 절대 빈곤에서 손수 부를 이루었으니 가장 극진한 대우를 받아야 할 분들이다. 반면에 이분들은 사회적으로 가장 소외된 세대이기도 하다. 바로 그들이 힘들고 외로워 스스로 목숨을 끊고 있는 것이다.

높은 자살률은 아픈 청춘이나 힘든 중년의 문제가 아니다. 노인 빈곤·우울의 문제다. 대한민국이 선진국이라면 그들은 느긋하게 연금 생활을 하며 여생을 즐기고 있을 것이다. 하지만 현실은 그렇지 못하다. 자녀 세대를 위해 희생하느라 정작 자신들을 위한 것은 미처 마련하지 못한 대다수의 그들. 여기에 문제가 있고 해결 방안이 있다. 자살률이 세계 제일이라고 단순화시켜 호들갑만 떨 일이 아니다.

마음이 건강한 사람은 웬만큼 누추한 삶에도 행복을 느끼며 산다. 그러나 허망함과 외로움을 이길 장사는 없다. 노인 자살은 바로 그 외로움과 허망함 탓이 크다. 아프고 빈궁하고 외로운 우리의 노년층들. 다음 세대를 위해 무상 보육을 확대하는 것도 중요하다. 더불어 사각지대에 놓인 이들 노인 환자들을 부양하는 것 또한 무엇보다 시급한 일이다. 여기에 우선순위를 두고 접근하면 오래지 않아 자살률 1위의 불명예는 벗을 수 있을 것이다.

2010년은 2000년보다 국민소득이 1.8배 늘었다. 그리고 자살률은 덩달아 2.3배 증가했다. 사회가 전체적으로 부유해졌는지 가난해졌는지 여부의 문제가 아니다. 사회 전체의 부는 커졌지만 격차는 더 커졌다. 부익부빈익빈 현상에 상대적 빈곤감은 더 심해졌다. 이것이 문제다. 경쟁을 못 이기고 내몰리는 사람들이 늘고 있기 때문이다. 버티고 재기할 사회적 안전망이 부족하기 때문이다. 가족 부조와 친구 부조는 점점 약해지고, 사회 부조마저 기댈 것이 못 되는 상황 때문이다.

한국 근로자의 연간 평균 근로 시간은 2,193시간. 이 역시 세계 1위다. 생산성은 차치하더라도 일 참 많이 한다. 우리에 이어 세계 2위가 멕시코다. 독주 잘 마시고 일 오래하는 것은 두 나라가 꼭 닮았다. 그런데 멕시코의 자살률은 10만 명 당 4.8명으로 우리의 6분의 1도 안 된다. 먹을 게 없어서, 근로 스트레스가 심해서 자살하는 게 아니라는 이야기다.

우리나라는 종교도 많고 종교인도 많다. 한국인은 기본적으로 영적인 국민이다. 인생이 음식남녀飮食男女(삶은 먹고 마시고 남녀의 일이면 족하다는 현세적인 삶의 태도)로 그치는데 만족 못하고 영적 갈증을 항상 느끼는 마음의 사람들이다. 흔히 동양 3국이라고 하지만 중국과 일본에 기독교가 그다지 성행하지 않는 것과 비교해보면 한국의 종교심이 어느 정도인지 짐작할 수 있다.

어느 종교가 자살을 방조할까마는 특히 기독교나 천주교는 자살을 죄악으로 규정하고 있다. 불교에서도 자살은 현세의 고통에서 벗어나는 게 아니라 오히려 더 큰 고통의 세계로 드는 것이라고 본다. 우리 인구 5,000만 명 가운데 크리스천과 불교도가 거의 반반이다. 나라 안에 세계적인 규모의 대형 교회가 한둘이 아니다. 석탄일을 공휴일로 삼을 정도로 불심이 깊다. 그런데도 자살률이 높다. 종교조차 한국인의 불안을 힐링해주지 못하고 있는 것이다. 종교도 못해주는 걸 정치가 해내야 한다는 데 정치의 위대함과 무서움이 있다.

물론 종교와 행복의 관계가 반드시 비례하는 것은 아니다. 어느 심리학자가 만든 '세계 행복지도'에서 가장 행복한 나라 1위에 뽑힌 덴마크의 경우 아무 종교도 갖고 있지 않은 무교가 인구의 반이 넘는다. 신앙은 행복의 열쇠도 자살을 방지하는 안전판도 아니다. 종교도 못하고 신앙도 못하는 일을 정치는 해야 한다. 하는 정도가 아니라 수치로 확인시켜줘야 한다. 정치 지도자, 참 대단하다.

낮은 출산율 문제도 그렇다. 한국에서 아이 한 명 낳아 20여 년을 키우는 데 2억 원 이상이 든다. 하지만 그게 겁이 나 낳지 않는 것은 아니다. 젊은 주부들이 날씬한 몸을 유지하려는 목적만으로 아이를 갖지 않는 것은 아니다. 이건 그리 단순한 문제가 아니다.

어쨌거나 높은 자살률과 낮은 출산율은 '우리 사회가 행복하지 않다'는 사실을 여지없이 증명해준다. 현재와 과거가 싸우면 미래가 손해를 본다고 한다. 현재가 불안하고 과거가 불만스러우면 미래는 어떻게 될까.

안철수는 바로 이 자살률과 출산율을 예로 들며 우리 사회 전 세대에 걸친 불안을 이야기했다. "10대는 입시 위

주의 경쟁 교육에 시들어가고, 20대는 너무 비싼 등록금
과 취업, 진로 등으로 고민하고, 30~40대는 자녀의 사교
육비와 집값과 전셋값 등으로 걱정이 태산이고, 40~50대
는 자녀들의 취업 걱정과 준비 안 된 본인들의 노후 문제
가 있으며, 60대 이상은 생계와 건강 문제 등으로 거의 대
부분이 불안합니다.”

그 해결책으로 제시한 것이 정의롭고 공정한 복지국가
의 건설이다. 10월 7일에 발표한 정책비전선언문에서는
이 부분이 좀 더 구체화되었다. 7개 항목 중에 정치와 경
제와 관련된 3개 항목 말고는 모두 우리 사회 문제에 대한
대답이었다. 보다 구체적인 정책은 차후에 정리하여 발표
하겠지만, 제목들만큼은 더없이 진지하다. 이를테면 ‘모
든 가능성이 발휘되는 사회’, ‘부담 없이 결혼할 수 있는
나라’, ‘인간 존엄성을 지켜주는 나라’, ‘다음 세대를 위한
사회’ 등이다. 방안은 미지수지만 방향은 틀림없다.

‘거창한 약속은 못하지만 정치 과정을 국민과 공유하
도록 하고, 공약과 정책에 대해 솔직하게 말하는 진심의
정치를 하겠다’ 고 안철수는 전제했다. 이어 국민을 보듬

는 따뜻한 정부가 되겠으며, 사람에 대한 예의와 정성만 있으면 (최소 10년은 걸리겠지만) 위에 언급한 세대별 문제들을 해소해갈 수 있다고 선언했다.

많은 사람들이 우려하는 능력과 실천 여부에 대해, 안철수는 그의 특기인 '형용사적 표현'으로 답했다. 안철수의 레토릭은 시적이고 정서적이지만 핵심을 잘 짚는다. "한국은 궤도를 벗어난 아폴로 13호다. NASA는 아폴로 13호 문제를 해결하기 위해 자신들의 방식을 고집하지 않고 각계의 다양한 전문가를 모았다. 문제 해결을 중심에 놓고 담당 부서와 전문가, 국민의 현장의 소리를 함께하여 대한민국의 궤도 이탈을 바로잡겠다."

궤도 이탈한 한국을 바로잡고자 하는 정의로운 사회는 세 가지 방법으로 실천된다. 그는 달리기 경주를 예로 들었다. "첫째, 달리기를 시작할 때는 모든 선수가 같은 선에서 공평한 기회를 부여받는다. 둘째, 달리는 과정에서 어떤 반칙이나 특권도 없이 공정하게 겨루게 하는 규칙이 있어야 하며 이를 감시하는 심판도 있어야 한다. 셋째로, 결승선에서 승자와 패자가 나뉘어졌을 때 패자를 그냥 버

려두는 게 아니라 재도전의 기회를 주어야 한다.”

이런 기준에서 우리 사회는 어떠한가. 첫째, 출발선의 기회가 공평하지 않고 기득권이 대물림되고 있다. 둘째, 경기 과정에 공정한 질서나 규칙이 없고 심판의 감시도 약하다. 마지막으로 경기 후 패자에 대한 배려가 부족하다. 균등한 출발과 공정한 과정, 공평한 결과가 모두 아쉬운 상황이다. 세 가지 단계별 문제를 합리적인 소통과 합의를 통해 상식선에서 새롭게 만들어가겠다는 게 안철수의 구상이다. 아직은 고상한 구상에 공허한 콘텐츠다. 그릇은 반듯한데 담긴 내용은 여전히 부실하다. 안철수가 꿈꾸는 ‘세상다움’은 너무 추상적이기만 하다.

비근한 예로 안철수는 10월 14일 경제민주화와 관련된 정책을 발표했다. 서두에서 헌법 119조 2항의 경제민주화 조항을 언급한 그는 ‘경제민주화가 헌법적 가치를 지키는 일’이라고 먼저 전제했다. 이어 예의 세 가지 단계에서의 현실적 아쉬움을 지적하고, 해결책으로 상당히 강경한 재벌 개혁 조치를 시행하겠다고 선언했다. 결론부터 말해 안철수가 발표한 경제민주화와 재벌 개혁 정책은 주객이 전도되고 본말이 뒤집힌 감이 있다. 실현 여부도 미지수다.

　이번 대선의 최대 이슈인 경제민주화 문제를 정리해보자. 진보적 경제학자인 한성대 김상조 교수. 해외에서 1년 동안 공부하고 귀국하니 "가장 과격한 재벌 개혁론자였던 나 자신이 중간밖에 안 될 정도로 세상이 달라져 있더라"고 말한다. 박근혜가 경제민주화 이슈를 선점한 것 자체도 그로서는 놀랄 일이었다. 지금의 한국 사회는 그 정도로 경제민주화가 화두다.

　그런데 우리 헌법이 규정하고 있는 경제민주화란 어떤 모습인가. 균형 잡힌 성장, 적정한 소득 분배, 경제력 남용 방지, 경제 주체 간의 조화 등이 그 내용이다. 그렇게나 포괄적인 의미의 경제민주화가 이처럼 유행하게 된 배경에는 '양극화 해소'라는 시급하고 엄중한 과제가 도사리고 있다. 양극화란 '승자와 패자의 차이가 갈수록 커져가고 승자의 수는 점점 적어지는 현상'을 말한다.

　한편 경제민주화는 '승자 소수화와 승자 거대화의 추세를 저지하거나 최소한 늦추려는 시도'다. 안철수가 경제민주화를 강조하면서 재벌 개혁에 초점을 맞추는 것은, 그런 의미에서, 지나친 협의로 인한 의욕이 아닐까 싶다. 경제민주화는 진정한 일자리를 만들고 물가를 안정시키며 소득 분배를 적정하게 하는 등 거시경제를 제대로 운용하는 것이다. 재벌 개혁은 그 가운데 한 부분일 뿐이다. 그럼에도 안철수를 포함한 상당수가 경제민주화와 재벌 개혁을 동의어로 시용하고 있다.

경제민주화가 내포하고 있는 여러 과제에 대해서는 사회적 합의 과정을 거쳐 우선순위를 정하는 게 옳다. 그 과정이 곧 선거다. 복지와 세금 수준 등의 문제는 체질상 다루기 힘들고 갈등도 심하다. 이때 사회적 합의가 필요하고 이때 리더십이 발휘되어야 한다. 한 부분인 재벌 개혁에만 초점이 맞춰져 있다면, 다수의 패자들은 속이 시원할지 모르지만, 바른 순서는 아니다. 공공의 적을 만들고 때리는 식으로 몰아가서는 안 된다. 가진 자의 부도덕과 재벌의 횡포를 시정하자는 주장이 정의로우려면 미움이 있어선 안 된다. 시장의 탐욕과 재벌의 부도덕은 반드시 해소해야 할 문제다. 그러나 노련하게 포위하듯 접근해야 한다. 안철수든 박근혜든 섣부르게 정치적으로 이용하려는 시도는 하수의 선택이다. 재벌의 기업가 정신과 국제적 경쟁력은 지지하고 격려할 필요가 있다.

안철수와 박근혜 모두 동반 성장과 통합을 말하고 있다. 좀 더 구체적으로 말하면 다양성 속에서 통합 만들기다. 그런데 말은 근사하지만 다양성과 통합을 일맥상통하게 연결하는 것은 쉽지 않다. 다양성은 분열과 갈등을 지향하고, 통합은 획일화를 지향하기 때문이다. 서로 다른 방향으로 가려는 이 두 가지를 유연하고 세련되게 얽어가는 게 바로 큰 리더십이다.

최근 10년 새 우리 사회에 양극화가 더욱 심화되었다. 수출이 성장으로, 성장이 고용으로, 고용이 소득 분배로 선순환하는 구조가 더 이상 작동되지 않고 있다. 수혜를 독점하는 소수에 대한 반감과 분노가 심해지고 있다. 이처럼 이기적이고 일방적이고 탐욕적인 행위가 방치되어서는 안 된다. 다만 공정이라는 명분으로 어느 한쪽을 타도하듯 몰아붙이는 것은 바람직하지 않다. 지도자가 정치적 이익을 위해 미움과 분노를 선동하는 것도 위험하다.

이는 '세상다움'과 거리가 먼 그림이다.

박근혜도 시대의 과제가 국민적 불안 해소에 있음을 먼저 말하고 있다. "청년들은 일자리가 없어 불안하고, 직장 있는 분들도 언제 일자리를 잃게 될지 몰라 불안합니다. 등이 휘어져라 일해도 노후가 불안하고, 아이를 둔 부모님들은 육아와 교육 부담과 학교 폭력과 먹을거리 때문에 불안합니다. 집 없는 사람들은 전셋값이 오를까 불안하고, 집 있는 사람들은 대출금 갚느라 불안합니다."

가히 국민적인 불안 현상을 해소하기 위해 그는 국정 운영의 기조를 '국가에서 국민으로' 전환하겠다고 선언했다. 국가 발전과 국민 개개인 삶의 질 사이의 선순환 고리가 끊어진 상황이니, 이제 국가에서 국민 개개인의 행복으로 패러다임을 바꾸겠다는 것이다. 이에 제시한 방안이 세 가지다. 경제민주화, 일자리 창출, 그리고 복지. 여기까지는 '정치다움'의 영역이다.

이제 말하려는 '세상다움'은 '정치다움'에서 한 걸음 더 나아간다. '세상다움'은 품격 있는 정치를 기반으로 유정한 천하를 만드는 작업이다. 이 역시 리더의 역할이

크지만 공동체 구성원 모두가 참여해야 가능해진다. 여기서 리더와 추종자의 관계는 단순히 지배와 피지배의 관계가 아니다. 리더가 도덕적 매력으로 이끌어주고 추종자가 감동을 받아 자발적으로 참여하면서 만들어가는 과정이다. 리더를 포함한 정치 공동체 구성원 모두, 자기 혼자 애쓴다고 '사람다움'을 달성할 수는 없다. 다른 사람들과의 관계를 통해서만 진정한 '사람다움'을 이룰 수 있다. 말하자면 '사람다움'은 결국 '세상다움'으로 확장되어야 가능하다.

'사람다움'과 '세상다움'을 넘어 '정치다움'에 다다르기 위해, 박근혜는 '신뢰 사회'라는 키워드를 제시했다. 신뢰라는 무형의 사회적 자본이 국가 발전의 핵심 동력이 되도록 하겠다고 강조했다. 신뢰받는 투명하고 깨끗한 정부를 만들기 위해 공개와 공유 그리고 소통과 협력을 운영 원리로 삼겠다고 부언했다. 이런 주장들은 원칙과 신뢰의 정치인이라는 그 자신의 이미지와도 부합된다. 다만 한 가지, 신뢰의 맥락이 아닌 신뢰란 말에만 집착하는 경우가 없기를 바랄 뿐이다.

미생지신尾生之信. 춘추 시대 노나라에 미생이란 착실한 청년이 있었다. 그는 약속을 철저히 지키며 산 사람이다. 한번은 다리 아래에서 한 여성과 데이트 약속을 했다. 마침 그날 비가 역수같이 쏟아졌지만 그는 현장에 나갔고 다리를 붙들고서라도 약속을 지키려 했다. 그러다 결국 물에 잠겨 익사했다. 이후 미생의 신의가 진정성이 있다고 상찬하는 사람들이 있었지만, 공자를 포함해 다수가 그의 지나침을 비판했다. 약속이라는 말 자체에 집착하여 만남과 관계라는 더 큰 맥락을 놓쳐버렸다는 게 일반적인 평이다. 지나침과 모자람은 똑같고, 지나친 예절인 과공은 오히려 비례가 된다.

'세종시 수정안' 논란 때, 정몽준 의원은 미생의 고사를 꺼내며 박근혜의 신의에 대한 집착을 우회적으로 비판했었다. 그러자 박근혜는 이런 반응을 보였다. "미생은 진정성이 있었습니다. 하여 미생은 비록 죽었지만 후에 귀감이 되었고, 애인은 평생 괴로움 속에서 손가락질을 받으며 살았던 것입니다." 미생지신을 어리석음이 아닌 귀감으로 생각한다는 뜻이다. 미생지신을 인용한 당시의 공방은 박근혜의 승리로 끝났다. 하지만 박근혜의 신의는 말에 대한 과도한 집착이 아닌, 맥락에 대한 이해로 승화되어야 한다. 그래야 비로소 큰 신의가 된다.

'세상다움'을 위한 박근혜와 안철수의 구상은 방향이 옳고 그림이 좋다. 국민의 행복을 위해 신뢰부터 회복하겠다는 것이다. 본인들이 앞서 실천해 보이겠다는 것이다. 우리가 한번 리더를 선택하면, 크든 작든 그 리더에게 기대하는 예상 그림이 있다. 박근혜의 그림은 좀 더 선명하지만 그 이상의 여백이 없다. 안철수의 그림은 새롭고 여백이 많아 보이지만 구체성이 약하다.

두 사람의 '세상다움' 그림 그리기가, 쉽지는 않을 것이다. 새로운 그림을 그리다 보면 하지 않던 일을 해야 하는 어려움이 따르기 마련이다. 그 꿈이 과연 제대로 실현될 수 있을까? 그들이 제시할 구체적인 액션 플랜은 무엇일까?

“지금 우리의 심정과 상황을 가장 잘 나타내주는
수치가 자살률과 출산율 두 가지입니다.”
안철수의 지적처럼 자살률은 우리가 살고 있는 환경이
얼마나 힘든지를 보여주는 수치다.
한편 출산율은 미래에 대한 희망이 얼마나 큰지를 보여주는 수치다.
자살률이 세계에서 가장 높고 출산율이 가장 낮은 나라.
한마디로 지금은 불행하고 미래는 희망이 없는 사회다.
이렇다 보니 우리 사회는 지금 지나친 힐링(위로와 치유)이 유행이다.
누군가가 구해주기를 바라며 허우적거리는
집단 무기력 현상에 빠져 있다.

모름지기 리더는
국민들의 신뢰를 얻어야 한다.
리더가 국민의 신뢰를 얻으려면
도덕 교과서와 같은 모범을 보여야 한다고
공자는 전재했다. 아울러 구체적인 태도와
행동거지를 몇 가지 열거했다.
아랫사람을 예로 대할 것, 검소하고
절약할 것, 마음을 크게 먹고 의연하되
교만하지 말 것, 간언을 진지하게 경청할 것,
사사로운 이익에 얽매이지 말 것,
깊이 생각하고 멀리 내다볼 것 등이
그 내용이다. 리더는 이런 태도로 국민의
신뢰를 얻어야 한다. 그 신뢰를 바탕으로
감화의 정치를 펴야 한다. 이로써 사회
전체가 신뢰로 움직이게 된다.

11

신뢰·소통·화합, 잃어버린 공동체를 찾아서

세상다운 세상을 만드는 것은 공자의 큰 소망이었다. 공자가 구상한 '세상다움'은 단순하고 명료하다. 성인의 경지에 오른 리더가 모든 별의 중심인 북극성처럼 정치 체제의 정점에 앉아 몸소 본을 보이고, 군자의 훈련을 거친 관리들이 그를 보좌하며, 그 아래 체제의 구성원들이 각자 자신들의 역할을 충실히 다하는 것이다. 리더는 적나라한 권력을 행사하는 대신 우아한 덕성으로 백성들을 감화시켜, 결국 모든 백성이 군자가 되는 품위 있는 사회. 바로 그것이 공자가 구상하는 '세상다움'이다.

이 과정에서 가장 중요한 변수는 역시 리더의 역할이다. 리더는 사람을 억지로 다스리는 게 아니다. 결과적으로 '다스려지게' 해야 한다. 이를 위해서 리더는 엄격하게 자신을 닦아야 한다. 도덕적인 완성자가 되어 깊은 매력과 향기를 갖추어야 한다. 리더가 전달하는 도덕적 깊음에 감동한 백성들이 자발적으로 따르도록 말이다.

모름지기 리더는 국민들의 신뢰를 얻어야 한다. 리더가 국민의 신뢰를 얻으려면 도덕 교과서와 같은 모범을 보여야 한다고 공자는 전제했다. 아울러 구체적인 태도와 행동거지를 몇 가지 열거했다. 아랫사람을 예로 대할 것, 검소하고 절약할 것, 마음을 크게 먹고 의연하되 교만하지 말 것, 간언을 진지하게 경청할 것, 사사로운 이익에 얽매이지 말 것, 깊이 생각하고 멀리 내다볼 것 등이 그 내용이다. 리더는 이런 태도로 국민의 신뢰를 얻어야 한다. 그 신뢰를 바탕으로 감화의 정치를 펴야 한다. 이로써 사회 전체가 신뢰로 움직이게 된다. 바로 이것이 공자가 구상한 세상이다.

박근혜와 안철수도 신뢰 사회를 꿈꾸고 있다. 요즘 들어 두 사람이 가장 많이 언급하는 단어들이 신뢰와 소통 그리고 화합이다. 우리 사회에 가장 아쉬운 덕목들이다. 그런데 두 사람 공히 '국민들이 듣고 싶어 하는 단어만 열거하는 것'은 조금 아쉽다. 몇몇 국민들은 미간을 찡그리고 아우성치더라도, 좀 더 크고 구체적인 그림을 그려주어야 하지 않을까?

지금 대한민국은 '해체와 새로운 소생'이라는 극히 엄중한 시기에 처해 있다. 일자리 혁명과 경제민주화 같은 단어들, 달콤해서 듣기는 좋다. 신뢰 사회의 구축과 국민의 행복, 고마운 말이다. 물론 최선으로 이루려 노력해야 한다. 하지만 상황은 그리 한가하지 않다. 이루어지지 못할 일들에 몰두하기에 앞서, 그림이라도 제대로 그려주는 지혜가 필요하다.

크게 두 가지다. 우선 잃어버린 공동체를 찾아야 한다. 다음으로 마음의 빈곤을 채워야 한다.

잃어버린 공동체를 찾자는 것. 해체되어가는 대한민국의 새로운 기준을 세우자는 뜻이다. 여기에 80kg 쌀 한 가마니가 있다. 이 쌀을 65세의 공직 은퇴자, 남편과 사별하고 아이 둘을 키우는 40대 여성 가장, 29세의 건강하고 스펙 좋은 대기업 사원, 10대 미혼모 등 네 사람이 나눠 먹어야 하는 상황이다. 누가 많이 가져가야 할까. 평생 공직에서 일한 은퇴 노인부터 봉양하는 것이 맞을까. 홀로 자녀를 양육하느라 고생하는 중년 주부에게 보다 많은 양을 나눠줘야 할까. 아니면 가장 생산성이 높은 청년에게 반을 뚝 떼어주고 한 가마니를 더 키워 두 가마니로 만들라고 격려해야 할까. 그것도 아니면 아예 똑같이 네 등분을 하면 어떨까.

우리는 지금 어떤 기준을 가지고 있는가. 결론부터 말하면, 기준이 없다. 그리고 아무도 만족하지 못한다. 서로 더 먹겠다고 할 뿐 누구도 흡족해하지 않는다. 우리가 정의를 갈망하고 신뢰를 아쉬워하는 것도 기준이 없기 때문이다. 기준은 공동체의 가치와 신념으로 결정된다. 그런데 우리는 공동체의 가치와 신념을 조율하는 일에 소홀했다. 공동체의 공감대는 없이 그저 쌀가마니 불리는 데만 열심이었다.

모든 국민이 비슷한 수준의 소득을 갖도록 임금 상한선을 두어, 초과 소득을 얻는 사람은 누진세율에 따라 세금을 더 많이 내는 것. 이 정책에 동의하는 국민이 많은 나라도 있고, 찬성하지 않는 국민이 많은 나라도 있다. 동의하는 국민이 많은 나라는 개인적 자유보다 사회 평등이라는 가치와 신념을 가진 공동체다. 미국처럼 월스트리트의 억대 연봉을 당연시하는 풍조가 일반적인 나라는 개인의 자유를 더 중시하는 공동체다. 세계의 모든 나라는 이처럼 평등 지향과 자유 지향의 어느 선에 위치해 있다. 그렇다면 대한민국은 지금 어느 선에 위치해 있을까?

현대 한국을 산업화가 시작된 1962년부터로 보면 올해가 꼭 50년이다. 이 기간 동안 한국은 이른바 압축적인 성장을 이루었다. 경제도 압축적으로 성장했고, 정치도 압축적으로 발전했다. 그러나 커가는 외형과 달리 내실은 미처 챙기지 못했다. 한국 사회가 지나치게 치우쳤고 지나치게 일그러졌기 때문이다. 어떤 분야는 세계의 최첨단, 또 어떤 분야는 낙후된 후진국. 스스로를 모욕하는 기분이지만 현재 한국은 천민자본주의 국가라고 말할 수밖에 없다.

　살기 어려울 때의 한국은 그래도 평등 지향적인 공동체였다. 가난하지만 유정한 세상이었다. 체면과 품위도 끔찍하게 챙기는 사회였다. 그런데 그런 우량한 전통은 허겁지겁 쌀가마니를 늘리느라 온데간데없어졌다. 그러고는 어느 순간부터 자기와 자기 가족만 챙기는 천박한 사회가 되고 말았다.

　물극필반物極必反. 상황이 더는 나아갈 곳이 없으면 되돌게 된다는 뜻이다. 대한민국은 지금껏 지나친 풍요와 사치를 누려왔다. 유정한 천하 대신에 각박한 배부름만 좇아왔다. 그 과정에서 분열과 갈등은 끝에 다다랐다. 더는 갈 데가 없는 지경까지 와 그 한계를 절감하고 있는 상황이다. 이제는 기존의 모습을 해체하는 수밖에 없다.

　이 대목에서 큰 지도자가 해야 할 일은 무엇일까. 쉼표를 찍어주는 일이다. 잃어버린 공동체의 가치와 신념을 새롭게 세워주는 일이다. '세상다움'에 대해 박근혜와 안철수에게 기대하는 용기와 지혜는 이 정도다. 모험심 강하고 기가 센 지도자라면 살기 좋은 시대보다 이 같은 물극필반 시대의 도전을 더 즐길 것이다. 진정한 고수는 운세의 상승기가 아닌 하강기를 의연하게 버티며 자신을 지켜가는 사람이다. 지금 한국에 필요한 지도자가 바로 그런 인물이다. 국민을 안심시켜주는 차원을 넘어, 밝고 유머 있으며 모험을 기꺼이 즐기는 사람. 박근혜와 안철수가 진정한 고수라면 그런 모습을 보여줄 수 있을 것이다.

당대 최고의 지성, 독일의 철학자 하버마스가 우리나라를 방문했을 때다. 하버마스는 한때 우리의 이념적 분열에 기름을 부었던 송두율의 지도교수이기도 했고, 그런 인연이 아니어도 한국의 전통문화를 숭모하는 석학이다. 한국에 머무는 시간 동안 그는 서울보다는 경주처럼 전통이 남아 있는 공간을 찾아다녔다. 그가 움직일 때마다 당연히 많은 학자들이 뒤를 따랐다. '상호주관성Intersubjectivity'이란 개념을 만든 석학에게 뭐라도 한 수 배우려는 바람에 서였다. 하버마스는 소통이론의 대가다. 그가 정리한 상호주관성이란 '공동체가 건강하려면 구성원 개인들끼리 연민을 갖고 서로 입장 바꿔 생각해줘야 한다'는 개념이다. 역지사지하는 마음으로 상대를 이해하는 것, 그게 상호주관성이다.

학구열에 불타 자신을 쫓아다니는 젊은 학자들에게 하버마스는 "한국에 이미 훌륭한 전통이 있는데 굳이 나에게 뭘 얻으려 하지 말라"고 충고했다. 수십 년의 연구 끝에 상호주관성이란 개념을 만들었는데, 한국에 와 보니 한국 사람들은 이미 오래 전부터 생활 속에서 이를 실천하며 살고 있더라는 것이다. 한국 사람은 사람을 인간이라고도 부르는데 인간이란 말 자체가 곧 상호주관성을 내포한다. '人間(인간)'이란 '사람은 서로 의존하고 이해하며 사는 존재'란 뜻이다. 그런 우량한 전통을 가진 나라의 학자들이 자신에게 더 배울 게 있겠느냐며, 한국 전통의 것에서 해답을 찾으라고 하버마스는 충언했다. 뜨끔한 노릇이다. 우리는 잃어버린 우리의 공동체를 어떻게 회복할 것인가. 우리는 모르는, 하버마스의 눈에만 보인 길은 어디에 있는가.

우리뿐 아니라 전 세계가 긴 경제적 겨울에 접어들었다. 차기 정부가 집권하는 향후 5년 동안 생활이 더 어려워질 것이라고 예상하는 국민이 열에 일곱이다. 겨울에는 겨울에 어울리는 삶의 방식이 있다. 겨울은 숨을 돌리며 자기 성찰을 하기에 좋은 계절이다.

아무리 극심한 겨울이래도 50년 전, 산업화를 시작하며 보릿고개 넘던 시절로 되돌아가지는 않을 것이다. 그러나 풍요를 만끽하며 사치를 즐기던 호시절은 이제 끝났다. 자산 가치가 줄어들고 덩달아 소득이 줄어든다. 호시절의 정점과 비교할수록 결핍은 심해질 것이다. 아무리 생활 규모를 줄이고 검소하게 지낸다 해도 결핍에 따른 불편은 감수해야 한다.

물질적 결핍을 겪는 이 어려운 상황을, 지나간 성장 신화를 그리워하면서 눈물로 보낼 것인가. 대중 민주주의의 선동에 혹해서 살아갈 것인가. 아니, 그간 빈곤했던 마음자리를 차곡차곡 채우는 시간으로 삼으면 좋지 않을 것인가.

"가난하지만 비굴하지 않고 풍족하지만 뽐내지 않는 것은 어떻습니까?" 제자의 물음에 공자는 이렇게 답했다. "괜찮지. 그러나 가난해도 즐길 줄 알고 풍족해도 예를 좋아하는 것만은 못하겠지."

여기서 예禮란 사회적 관계를 잘 유지하는 것을 말한다. 서로 챙겨주고 서로 사양하고 서로 삼가는 자세로, 질서가 잘 잡힌 공동체를 만들어가는 것이다. 구성원들이 서로 상대를 탓하는 대신, 타인에게 성실했는지 자신에게 정직했는지 스스로 늘 돌아보며 공동체를 꾸려가는 것이다. 한마디로 마음이 넉넉한 우아한 세상을 만들어가는 것이다.

삶의 아이러니라는 게 이러하다. 정작 물질적으로 풍성할 때는 마음의 빈곤을 느끼고, 물질적 결핍이 있으면 오히려 마음은 여유로워지고 정신이 풍요해진다. 그런 뒤죽박죽을 겪으며 사람은 더 성숙해진다. 나아가 진정한 자유인이 된다. 큰 자유인이 많아야 우아한 세상이다. 나라의 품위인 국격이 높아지고 선진화되는 것도 그런 이치다.

G20 회의를 개최하고, 신용등급이 상향 조정되고, 세계 기구의 수장을 담임하는 것도 물론 국격이 오르는 일이다. 하지만 그 이상으로, 힘들고 어려운 시기를 전화위복의 기회로 삼아 국민 다수의 마음이 안정되고 정신이

풍요로워져 '행복지수가 오르는 것'이야말로 진정 국격을 높이는 길 중의 길이다.

그간 압축적인 성장에 몰두하느라 까마득히 잊은 게 있다. 우리는 마음의 사람들이다. 정신적 민족이다.

박근혜와 안철수는 대중의 얕은 기호에 호소하는 포퓰리즘을 이겨내야 한다. 허황된 꿈을 나열하는 대신 정직한 소통을 위해 더욱 노력해야 한다. 품위 있는 세상의 바탕은 '예가 지켜지는 것'이다. 예가 지켜지게끔 조절하는 운영 체계, 그것이 바로 신뢰다. 박근혜와 안철수가 꿈꾸는 신뢰 사회는 '물질적인 결핍 속에서도 즐길 줄 알고 풍요 속에서도 예가 지켜지는' 모습이어야 한다. 그리 되면 적어도 "동정심 없어서 나는 못 살겠네"라는 푸념이 없는 유정한 세상의 초기 화면을 그릴 수 있을 것이다.

예禮는 사회적 관계다.
질서와 본분을 지키며 서로를 배려하는
공동체의 바탕이다. 공자는 이런 예禮에만
매몰된 사람은 아니다. 예藝와 시詩를
즐길 줄 아는 문화인이었다. 공자가 실천해
보인 성숙한 인간, 큰 인간이란
예禮와 예藝에 두루 익숙한 사람이다.
문화적 소양의 기반이 있어야 비로소
성숙한 사람이 된다. 박근혜와 안철수의
사회 구상에 문화와 예술 항목에 대한 진지한
언급이 아직 없다는 점은 안타까운 일이다.
정책 공약집에는 문화예술 관련된
내용이 구색 맞추기로 포함되겠지만
그 정도로는 아쉽다.

12

경제 부국에서 문화 부국으로

마지막으로 문화에 관해 간단히 언급하려 한다. 당장 먹고살 일이 막막한데 무슨 얼어죽을 문화냐고 힐문할 수도 있겠다. 그러나 문화예술이라고 해서 큰돈을 들여야 하는 것은 아니다. 작은 마음의 여유만 있으면 된다. 잠시 가던 길을 멈추고 길가의 가을 들꽃을 감상할 정도의 마음과 시간만 있어도 충분히 가능한 것이 문화생활이다. 행복한 사람은 문화인이다. 행복한 사회에는 문화적 향기가 있다.

성인의 경지에 오른 공자가 만년에 이런 말을 했다. "예

199

에 노닐고 싶다遊於藝." 여기서는 예禮가 아니라 예藝다. 예술과 문화를 뜻한다. '사람다움'과 '세상다움'에 대해 깊이 사색하고 애써 실천한 공자. 그러나 언제 어디서나 무게만 잡는 엄숙주의자는 아니었다. 시심이 풍부했고 노래도 즐겨 불렀으며 마음을 담아 악기를 연주할 줄도 알았다. 음악에 심취하여 고기 맛을 잊고 지냈을 정도로 음감이 뛰어났다. 나라가 망해 뿔뿔이 흩어진 국립악단장과 악단원의 이름을 일일이 열거하며 안부를 걱정할 만큼 음악을 사랑했다. 술을 한량없이 마셨지만 흐트러지거나 주사를 부리지 않고 즐겼으며, 상대가 노래를 잘하면 꼭 앙코르를 신청했고 자신도 화답하여 노래를 했다.

예禮는 사회적 관계다. 질서와 본분을 지키며 서로를 배려하는 공동체의 바탕이다. 공자는 이런 예禮에만 매몰된 사람은 아니다. 예藝와 시詩를 즐길 줄 아는 문화인이었다. 공자가 실천해 보인 성숙한 인간, 큰 인간이란 예禮와 예藝에 두루 익숙한 사람이다. 문화적 소양의 기반이 있어야 비로소 성숙한 사람이 된다.

박근혜와 안철수의 사회 구상에 문화와 예술 항목에 대

한 진지한 언급이 아직 없다는 점은 안타까운 일이다. 정책 공약집에는 문화예술 관련된 내용이 구색 맞추기로 포함되겠지만 그 정도로는 아쉽다. 그렇다고 영향력 있는 문화인을 캠프에 영입하고 그들을 앞장세워 '문화 대신 정치' 활동을 하게끔 하는 작업은 필요 없다. 문화인들이 진영의 논리에 빠져 각박한 정치적 언어를 내뱉으며 나팔수 노릇 하는 것을 보면 마음이 참 불편하다. 정치권의 무분별한 문화인 차출도 걱정스럽고, 자진 앞서서 문권文權을 값싸게 파는 문화인들도 딱하다. 진정한 문화인이라면 지쳐 있거나 무관심한 대중의 영혼을 흔들어 깨우는 일을 해야 한다. 진정한 문화의 힘을 보여주어야 한다.

박근혜와 안철수 본인들 또한 문화와 예술에 익숙한 문화인으로서의 내공을 충분히 보여주지 못하고 있다. 박근혜가 부산 선대위 출범식에서 보여주었던 어색한 말춤이나, 안철수가 영화광의 모습을 보이는 정도로는 부족하다. 물론 두 사람 다 자질은 충분하다. 박근혜는 야인으로 지내는 동안 수필집을 낼 정도로 많은 글을 썼었다. 한국문인협회 회원이라는 자격을 자랑스레 여기고 있기도 하다. 기업인이자 교수였던 안철수는 바쁜 와중에도 인문학 포럼이나 문화 포럼에 종종 참석하여 소양을 넓히며 살았다. 그리고 무엇보다 두 사람 모두 대단한 독서가들이다. 하지만 아직 문화인으로서의 공력은 확인되지 않았다. 각박한 세상에 문화 대통령까지 기대하는 것은 지나친 바람일까.

이제 우리 사회는 그동안의 과소비 계산서를 차근차근 정산해야 한다. 성장 신화만 믿고 양껏 만들어낸 거품을 해소해야 한다. 역사적 성장 시대는 이제 갔다. 베짱이들의 화려한 가을 잔치는 끝났다. 잔치 끝의 설거지. 상당한 시간이 걸릴 것이다.

화불단행이라고, 마침 세계적 경기 침체가 심하다. 선택지는 하나뿐이다. 기왕의 확장 지향적 생활 태도를 접고 축소 지향으로 가야 한다. 낭비의 삶에서 검약의 삶으로 전환해야 한다. 국가든 개인이든 저축해서 빚 갚아야 한다. 툴툴거리며 남 탓 해봐야 아무 소용없다. 차라리 기꺼운 마음으로 받아들이고, 적은 비용으로 얼마든지 할 수 있는 취미 활동이라도 계발하는 게 정신 건강에 좋다. 그동안 바빠서 또는 바쁜 척하느라 미처 가보지 못했던 동네 뒷산부터 올라가보자. 가족들과 김밥 몇 줄 싸들고 가까운 교외에 나가 계절을 즐기는 여유를 가져보자. 물질적 궁핍이 정신적 풍요를 가져다주기도 하는 데 인생의 묘미가 있다. 모름지기 문화적 소양이 깊은 개인들이 많아져야 한다. 그래야 생활은 다소 검박하더라도 그 사회는 향기가 넘치게 마련이다.

우리 지도자들의 할 일은 정해졌다. 크게는 국민들에게 스트레스 주는 일을 하지 말아야 한다. 작게는 문화 소비를 늘려주는 정책을 펴야 한다. 책 사고 영화 보고 공연 관람한 것 등을 연말정산 때 환급해준다든지, 깎아주고 거저주고 하는 등의 퍼주기식 복지는 효과가 크지 않다. 대신에 문화 영역에서 자원 봉사 공간을 확대해주면 좋겠다.

공자가 말했다. "나는 시詩에서 일어나 예禮에 서고, 악樂에서 완성한다." 향기 나는 말이다. 예藝에 노니는 큰 문화인 공자의 모습이 절로 그려진다. 시와 예악. 인간적 성숙함의 표현이고 사회적 품위의 상징이다.

박근혜와 안철수는 대한민국을 경제 부국에서 문화 부국으로 키우도록 구상해야 한다. 예에 노니는, 자유롭고 넉넉한 문화인들로 가득한 우리 사회를 흐뭇하게 상상해 본다.

박근혜와 안철수 본인들 또한 문화와 예술에 익숙한 문화인으로서의
내공을 충분히 보여주지 못하고 있다.
박근혜가 부산 선대위 출범식에서 보여주었던 어색한 말춤이나,
안철수가 영화광의 모습을 보이는 정도로는 부족하다.
물론 두 사람 다 자질은 충분하다.
박근혜는 야인으로 지내는 동안 수필집을 낼 정도로 많은 글을 썼었다.
한국문인협회 회원이라는 자격을 자랑스레 여기고 있기도 하다.
기업인이자 교수였던 안철수는 바쁜 와중에도 인문학 포럼이나
문화 포럼에 종종 참석하여 소양을 넓히며 살았다.
그리고 무엇보다 두 사람 모두 대단한 독서가들이다.
하지만 아직 문화인으로서의 공력은 확인되지 않았다.
각박한 세상에 문화 대통령까지 기대하는 것은 지나친 바람일까?

5년 만에 강호가 다시 요란하다. 정계라는 살벌한 강호에
절정의 무공을 갖춘 고수들이 다 모였다. 온갖 사술과 암
기가 이 세상에 숨어 있다. 신사같이 보이지만 쓰레기나
다름없는 인사들부터 괴팍하고 비상한 인재, 허세와 낭만
이 전부인 어중중이들까지 다양한 군상이 세상을 바삐 휘
젓고 다닌다. 누군가는 잔뜩 허명만 날리다가 한순간에
스러지기도 하고, 누군가는 기다렸다는 듯 독특한 검법을
멋지게 선보이기도 하며, 누군가는 독고 검으로 천하를
제패하는가 싶더니 홀연히 무림을 떠나기도 한다. 결국은

내공과 인기로 인정받은 누군가가 강호의 방주로 결정된다. 강호의 승부는 처절하지만 이처럼 정정당당하다.

2012년의 강호는 삼국지다. 세 사람 모두 기본기가 탄탄하고 내공이 깊다. 그리고 품성이 훌륭하다. 덮어놓고 검만 휘두르는 무정검객들이 아니다. 정통파 고수들이다. 암수를 쓰거나, 뒤를 공격하거나, 너 죽고 나 죽자며 최후의 살수인 동귀어진同歸於盡으로 판 자체를 깨뜨릴 위인들이 아니다. 셋 중 누가 무림을 통일하는 방주가 되어도 흉하지는 않다. 그런 의미에서 2012년 대통령선거는 볼 만하다. 가히 신사와 숙녀의 의로운 싸움이라고 일컬을 만하다.

최후의 승자는 누가 될지 가늠이 되지 않는다. 내공과 인기 면에서 막상막하 우열을 가리기가 쉽지 않기 때문이다. 한쪽이 반 수 늦을 수 있지만 상대가 한 수 삐끗할 수도 있고, 50합 100합을 겨루어도 승부가 나지 않아 말을 갈아타고 칼을 새로 잡아야 할 수도 있다. 이들 세 고수들의 현란한 검법과 기합을 감상하는 구경꾼들의 평가도 분분하다. 난형난제의 싸움에 종지부를 찍어줄 존재는 바로 이 싸움의 관객들이다. 지금 관객들이 마지막 순간까지 집중하며 승부를 감상하는 중이다.

이 책은 2012년 대선의 빅 3, 세 후보 중에 박근혜와 안철수를 품인한 글이다. 문재인이 최후의 승자가 될 수도 있겠다. 그것은 모르는 일이다. 그러나 나의 관심은 시종 박근혜와 안철수라는 인물이고, 박근혜 대 안철수라는 구도였다.

권력 의지가 강한 박근혜와 소명 의식에 불타는 안철수.

원칙과 신뢰의 박근혜와 상상력의 안철수.

명사형 인간 박근혜와 형용사형 인간 안철수.

카리스마 박근혜와 코디네이터 안철수.

기존 정치권의 백전노장 박근혜와 참신함으로 무장한 신인 안철수.

이처럼 두 사람은 매우 대조적인 개성을 가졌다. 승부 구도 역시 긴장감이 넘친다. 나의 관심은 이미 승부 결과를 넘어 그들의 ‘사람다움’과 ‘지도자다움’에 닿아 있다. 더불어 그들이 구상하는 ‘정치다움’과 ‘세상다움’을 정리해보는 것으로 충분히 만족스럽다.

결론 삼아 두 가지만큼은 꼭 말하고 싶다. 하나는 후보 단일화 문제이고, 다른 하나는 '박근혜 대세론'과 '안철수 현상' 문제다.

후보 단일화 논란을 보는 내 마음은 무척 불편하다. 너무나 간단한 일을 터무니없이 복잡하게 만드는 정치권의 무능과 게으름이 한심하다. 선거 공학적 구도에만 보도를 집중하는 언론 또한 딱하다. 단일화 문제는 저 1987년, 13대 대선 때도 불거졌다. 단일화에 실패한 김영삼과 김대중은 각자에게 승산이 있다고 착각했고, 두 사람 합계 57퍼센트의 지지를 얻고도 36퍼센트의 지지를 획득한 노태우에게 패했다. 그랬으면 다음 선거부터는 종다수 룰이 아닌 결선투표제를 도입했어야 했다. 36퍼센트의 지지로 당선된 대통령은 그 자리를 부끄럽게 생각하고, 서로 양보하지 못해 영호남 갈등만 더욱 부추긴 야당 대표들은 사람보다 제도를 먼저 생각하여 결선투표제를 도입해야 했다. 하여 승자가 과반 이상을 얻도록 규칙을 바꾸었어야 했다. 그러고도 이번까지 5번의 대선인데, 지극히 당연한 그 일을 아직 하지 못했다.

제도 하나만 바꾸면 단일화를 둘러싼 소모적인 논의는

필요가 없어진다. 이를테면 은행창구에서 고객대기표 제도를 실시한 이후, 순서가 바뀌거나 새치기하는 일은 아예 사라졌다. 굳이 시민의식을 들먹일 이유가 없다. 대선도 그렇다. 결선투표제도 하나면 셋 아니라 그 이상의 유력한 후보들이 나와도 아무 상관없다. 각자 최선을 다해 자신의 주장을 펼치고 일단 2등 이상만 하면 된다. 그런 상식적인 작업조차도 스스로 하지 못하는 정치권이다. 이러니 국민의 정치 불신은 이제 한계까지 왔다.

지난 17대 대선은 1위 후보와 2위 후보의 지지가 500만 표 이상 났다. 그래도 1위 후보의 득표율은 48퍼센트였다. '100퍼센트 대한민국'이야 산술적으로도 불가능하겠지만, 적어도 51퍼센트는 되어야 정상이다. 사전 단일화 논쟁에 대선의 모든 쟁점이 매몰되는 이 비정상적인 상황을 해소하려면, 적어도 51퍼센트의 지지를 얻는 대통령을 만들려면, 결선투표제를 도입해야 한다. 세 후보가 언젠가 모이면, 누가 당선되든 이 제도만큼은 반드시 도입한다는 공약을 했으면 한다. 허구한 날 언론에서 외는 '단일화 소음', 더는 듣고 싶지 않다.

한국의 대중 민주주의에서 대세론이란 애초에 성립되지 않는다. 역동성과 불안정성이 혼합되어 있는 게 한국형 대중 민주주의의 특성이다. 여기 대세론은 자리 잡을 공간이 없다. 이회창은 두 번이나 대세론에 멍이 든 경우고, 박근혜도 대세론의 수혜와 피해를 모두 입고 있다. 대한민국의 유권자들이 얼마나 까다롭고 성마른가. 천하의 대한민국 유권자 앞에서 감히 대세론이라니, 어림도 없는 이야기다. 박근혜니까, 박근혜 정도의 내공과 품성이니까 집권당 후보가 이 정도 지지를 받고 있는 것이다.

5년 전을 회고해보자. 노무현 정부의 실정에 진저리를 친 유권자들은 집권당 후보에게 불과 26퍼센트의 지지를 보냈다. 흠결 많고 미덥지 않았지만 정권 교체를 위해, 더 나은 민생을 기대하며 야권 후보에게 48.4퍼센트의 지지를 보내주었다. 하지만 지금 이명박 정부의 인기를 보라. 정권 교체를 희망하는 60퍼센트에 가까운 여론을 생각했을 때 박근혜 지지율이 45퍼센트를 넘나드는 것 자체가 놀라운 일이다.

박근혜 대세론, 한국의 정치 지형에선 애초부터 있을

수 없는 일이다. 아마도 그를 지지하는 35퍼센트 전후의 절대 지지층을 보고 만든 신화인 듯하다. 신화의 기초가 어떤 경우에도 박근혜를 지지하는 단단한 고정 팬에 근거를 둔 것이라면 이건 맞기도 하고 틀리기도 한 이야기다. 변치 않는 일편단심 지지층을 35퍼센트나 확보하고 있는 정치인은 현재 박근혜가 유일하다. 3김 시대를 풍미했던 세 사람의 정치 거두 이후 유일하게 '지역 기반'과 '충성도 높은 지지자'를 확보하고 있는 정치인이 그다. 그런 의미에서는 박근혜 대세론이란 신화는 나름 일리가 있다.

그러나 35퍼센트의 지지자보다 더 많은 유권자들은 박근혜를 마다한다. 그 수치는 35퍼센트보다 훨씬 높다. 절대적으로 지지하지 않는 층이 절대적으로 지지하는 층보다 두텁다. 박근혜 대세론이 성립 못하는 이유다.

선거 때마다 결정적인 역할을 해오고 있는 40대의 무당파 부동층이 변수다. 이들은 1970~80년대 개발 독재의 수혜를 가장 많이 받아온 세대다. 또한 가장 불안하고 가장 불만이 많은 세대이기도 하다. 인구수도 가장 많다. 이들의 투표 성향은 전 세대 가운데 가장 이성적이다. 가장 깊이 고민하여 선택하는 세대다. 선택의 양과 질 모두가 최다 최강이다. 이념적이긴 하지만 보수나 진보에 치우치지 않았다. 오히려 중도에 넓게 자리 잡고 있다. 시대정신에 따라 중도 좌와 중도 우를 왕래하며 스윙보트를 해오고 있다. 총선의 결과가 늘 절묘하게 맞춰지는 이유도 바로 이들의 절묘한 선택 때문이다. 이번 대선의 향방을 가늠하기 어려운 이유도 이들의 고민이 깊기 때문이다.

40대 유권자들은 2012년 4월, 19대 총선에서도 이성적인 선택을 해 보였다. 당시 첨예한 이슈가 되었던 한미 FTA 문제와 제주도 해군기지 문제, 북한 문제 등에 대해 그들은 지극히 균형 잡힌 시각을 갖고 정당과 후보를 선택했다. 이를테면 그들은, 한미 FTA에 문제가 있다는 것은 인정하지만 그렇다고 그게 반미 정서로까지 확대되는 것은 찬성하지 않았다. 야당이 미 대사관 앞까지 가서 시위하는 모습을 그들은 우려의 눈으로 바라보았다.

제주도가 평화의 섬으로 가꾸어지길 바라지만, 제해권을 확보할 해군기지의 필요성도 인식했다. 중국과 일본

간의 도서 분쟁을 보며, 준비된 힘 없이 평화만 주장하는 것은 순진한 논리라는 것도 잘 알았다. 정부에 대해 보다 많은 소통을 요구하는 한편 일부 주민과 단체의 무분별한 반대도 비판했다. 북한 문제에 대해선 민족적 동질감이라는 측면에서 북한 주민들을 동정하지만 3대째 이어지는 독재와 인권 탄압은 인정하지 않는 입장이었다. 이처럼 중대한 문제들에 대해 정리된 비전을 제시하지 못하고 요령부득의 모습만을 보여준 야권연대를, 40대 유권자들은 엄하게 질책한 것이다.

대형 이슈가 없는 이번 18대 대선에서 이들 40대는 어떤 시대정신을 내세울 것인가? 40대의 60퍼센트는 정권교체를 희망하고 있다. 그보다 많은 숫자가 정치 쇄신을 요구하고 있다. 박근혜의 승패 여부는 그들의 선택에 달렸다. 이른바 지지의 확장성이란 것도 그들의 선택을 확보하느냐의 여부에 달렸다. 대선에서는 결국 승부수를 던지는 사람이 이긴다. 박근혜는 과연 어떤 승부수로 40대의 표심을 잡을 수 있을까?

'안철수 현상'은 박근혜 대세론보다 훨씬 더 뜬금없이

시작되었다. 하지만 황당한 날벼락은 아니다. 볕이 나면 스러져버리는 안개도 아니다. 정치 혐오에 지친 청년들의 인물 대망론에서 시작된 '안철수 현상'은 10월 현재까지도 더없이 견고하게 지속되고 있다. 박근혜와의 대결에서도 박빙이거나 소폭 우세를 점하고 있다. 출마 선언을 전후한 컨벤션 효과가 사라지고 검증이 시작되면 지지율이 조정될 것이라는 예상도 빗나갔다. 다운계약서 소동에도 지지율은 그다지 하락하지 않았다. 제3후보들의 지지율이 추석 명절 지내고 나면 현저하게 꺾이던 예전 경우와 비교했을 때, 그를 구름당 당수라고 폄하할 일만은 아니다. 박근혜는 유권자들의 호불호가 비교적 분명하고 전선이 확실하다. 그에 반해 안철수는 대체로 유보적이고 호의적이다. 특히 20~30세대의 지지는 열광적이다. 정치 혐오나 정당 정치의 퇴조라는 해석만으로는 설명되지 않는 기현상이다.

'안철수 현상'은 물론 안철수라는 실체에 대해서 비판적인 여론도 있다. 우선 '안철수 현상'이 청년들의 불안감의 산물이라는 주장이다. 청년들의 불안감이 그를 불러냈으니 더욱 불안하다는 것이다. 노무현에게 열광했던 사람들이 그보다 훨씬 다듬어지고 안정감 있는 안철수에게 열광하지 못할 이유는 없지만, 그 학습 효과 바람에 더욱 석연찮다는 것이다.

가장 심한 비판은 '안철수 현상'이 영웅을 고대하는 집단 히스테리의 반영으로, 민주주의가 퇴행할 때 어떤 일이 나타나는지 보여주는 사건이라는 의견이다. 심지어는 국민 모두가 깜빡 속아 넘어갔던 황우석의 줄기세포 쇼와 비교하기도 한다. 지식인 중에 대놓고 '어리석은 백성' 운운할 만큼 간 큰 사람은 없다. 그저 이것저것 빗대어 한심하고 갑갑하다며 말하고 있을 뿐이다. 어쨌거나 요점은, 매우 퇴행적이고 우려되는 현상이라는 것이다.

어느 시대든 어느 사회든 한쪽으로 치우쳐 있게 마련이다. 그리고 역사는 당대 사람들의 기대와 바람보다 늘 더디게 움직인다. 하지만 2012년의 한국 사회는 치우쳐도 지나치게 치우쳐 있다. 그리고 사람들의 기대와 바람보다 지나치게 더디게 움직이고 있다. 20년 전 삼성그룹 회장 이건희가 "한국의 경제는 3류고 정치는 4류"라고 일갈했던 적이 있다. 당시 대통령 김영삼과 수하들은 매우 불쾌해하며 '너나 잘하세요' 응수했다. 20년이 지난 지금 삼성은 1류 기업이 되었다. 재벌 기업의 잘못된 행태는 반드시 손봐야 할 일이지만, 삼성의 이건희는 그 같은 정치권의 응수에 이를 악물고 대처했다. 3류에서 1류가 된 것이다.

(재벌 개혁과 관련해 한마디만 덧붙이자. 재벌 개혁이 성공하려면 기본적으로 경쟁력을 올려주면서 동시에 나쁜 관행은 제도와 틀을 만들어 서서히 조여가야 한다. 1997년의 혹독한 외환 위기를 극복하는 과정에 소득이 있었다면 분식회계라는 엉터리를 해결한 일이다. 그 위기를 이겨낸 기업은 경영의 투명성이 확대되고 상품의 경쟁력이 높아졌다. 개혁을 하겠다고 무작정 때리고 보는 것은 하수들의 방식이다. 경제민주화를 공히 외치고 있는 대선 후보들은 사람 잡는 선무당 짓은 하지 않기를 당부한다.)

20년 만에 경제가 3류에서 1류가 되는 동안 4류였던 정치는 무얼 했는가. '안철수 현상'은 바로 그 4류 정치에 대한 국민적 저항이다. '안철수 현상'은 이제 '안철수 실체'가 되고 있다. 참신하고 똑똑하고 고상한 그는 이제 청년 멘토의 차원을 넘어 국민 멘토가 되려 한다. 다만 현실적인 문제가 하나 남아 있다. 야권 후보 단일화 문제다.

안철수는 현재 국민들의 갈망을 첫째 정치 쇄신, 둘째 정권 교체로 정리했다. 더불어 그 두 가지를 한꺼번에 해결하는 것이 자신의 당선이라고 했다. 3인 3색 후보 삼국지 형국으로 끝까지 가면 그가 당선될 가능성은 높지 않다. 10월 현재의 여론은 4대 4대 2 정도. 안철수는 그나마도 이기는 4가 아니라 처지는 4 쪽이다. 국회 의석을 양분한 대형 정당의 두 후보 사이에서 1위와 접전하는 2위를 기록하고 있는 것 자체가 대단한 일이지만, 어쨌거나 확실한 승산을 확보하고 있는 것이 아니다.

정치 쇄신이라는 목표만을 고려한다면 그가 '당락과 무관하게 완주하는 것'은 의미가 있다. 이때 야권에서는 빅뱅이 일어날 것이다. 지금은 의원 한 사람만 옮겨와 있지만, 그가 단일화를 거부하고 쇄신에 집중하겠다고 하면, 현실적으로 더 많은 야당 의원들이 위치를 바꾸게 된다.

그러나 안철수의 바람은 정치권도 쇄신하고 정권도 교

체하는 것. 만에 하나라도 자신의 완주가 결국 박근혜의 승리로 귀결되는 일은 없도록 해야 한다. 방법은 현실적으로 야권 단일화밖에 없다. 야권이 분열된 상태에서 이길 가능성은 낮다. 실패했을 경우 그 책임의 최소한 절반은 안철수가 져야 한다. 여기에 안철수의 딜레마가 있다. 자신이 쇄신의 대상으로 지목한 기존의 정당 후보와 단일화를 할 것인지, 설득력 있는 방안과 절차를 제시해야 한다. 어중간하게 접근해서는 자기모순과 자가당착에 빠지고 만다.

언제나 그렇듯 세상은 가장 빠른 자 아니면 가장 느린 자가 기회를 잡게 된다. 안철수도 어중간해서는 안 된다. 가장 느린 자로 출발한 그가 제시한 '야당의 쇄신과 국민의 동의'라는 조건은 정말 무서운 말이다. 스스로에게 엄청난 족쇄를 채운 것이다.

20~30세대 다수는 어떤 경우라도 안철수를 지지한다. 그들에겐 이념적 지향이 없다. 안철수의 진정성과 친밀감이 좋은 것이다. 그들에게 안철수는 마음 좋고 든든한 선배처럼 친근한 지도자다. 안철수에게서 땀내 나는 스킨십

을 기대하기는 어렵지만, 적어도 공감해주고 발 벗고 나서서 애써주는 정성은 바랄 수 있다.

20~30대의 안철수와 50~60대의 박근혜. 이 세대별 지지도는 이미 정해져 있다. 국정 운영 능력의 박근혜와 소통과 새로움의 안철수라는 개성도 확인되었다. 거리의 힘 안철수와 여의도의 힘 박근혜의 구도 역시 정해졌다.

문제는 40대 유권자들이다. 선거의 승패를 좌우하는 '수도권 무당파 중도 성향' 40대가 유권자의 10퍼센트다. 선거는 한 표가 아쉬운 게임이다. 이번 대선처럼 초박빙의 승부에서 전체 유권자 10퍼센트의 마음을 얻는 것은 절체절명의 작업이다. 이는 박근혜의 경우도 마찬가지다. 40대는 안철수의 참신성과 경험 부족을 두루 살피고, 안철수의 레토릭과 콘텐츠 사이를 꼼꼼하게 따져볼 것이다. 그리고 그에게 미래를 맡길지 깊이 고민할 것이다.

또 하나 안철수의 선택에 영향을 끼치는 결정적인 변수는 지난 대선 때 '아예 투표를 포기한' 호남 민심이다. 호남 유권자들은 안철수와 문재인 중 누구를 더 선호할까. 호남 유권자 수는 대구·경북 유권자를 합한, 총유권자의

10퍼센트 수준이다. 이들의 선택이 야권 후보에겐 결정적이다. 이 지역에서도 안철수 바람이 상당히 거셌다. 그러나 이후 안정적인 삼국지 구도가 만들어지면서 안철수 독주 현상은 약해졌다.

단일화냐 완주냐. 안철수의 결정은 호남 민심과 수도권 무당파 40대의 민심에 달려 있다. 안철수에게 '안철수 현상'은 부담스러웠을 뿐이다. 이제 '안철수 실체'는 고통스럽고 두렵다.

이 글을 마무리하면서 《논어》 〈태백〉의 한 구절을 인용한다. "맡은 바 책임이 무겁고 갈 길이 멀다. 인을 실현하는 것을 자신의 임무로 삼았으니 이 또한 무겁지 않은가! 죽어서야 끝날 일이니 이 또한 멀지 않은가!"

정치인의 길, 지도자의 길은 이렇듯 무겁고 멀다. 박근혜와 안철수. 자신만의 향기와 매력과 언어를 가진 이 기막힌 인물들이 온 체력과 마음을 실어 고민하고 애쓴 흔적이 세상에 널리 퍼지고 길이 남길 바란다. 그들과 함께 당대를 살았다는 기억이 자랑으로 남기를 기대한다.

세상의 마음을 얻는 인간경영
근혜철수뎐

지은이 | 조광수
펴낸이 | 김경태
펴낸곳 | 한국경제신문 한경BP
등록 | 1967년 5월 15일(제2-315호)

제1판 1쇄 인쇄 | 2012년 10월 25일
제1판 1쇄 발행 | 2012년 11월 5일

주소 | 서울특별시 중구 중림동 441
전자우편 | bp@hankyungbp.com
홈페이지 | http://www.hankyungbp.com
T | @hankbp   F | www.facebook.com/hankyungbp
기획출판팀 | 02-3604-553~6
영업마케팅팀 | 02-3604-595, 583   FAX | 02-3604-599

ISBN 978-89-475-2880-1   03300

값 13,000원

* 잘못 만들어진 책은 구입하신 서점에서 바꾸어드립니다.